deutschlank

DAS KOCHBUCH

EINFACH INDIVIDUELL ABNEHMEN:
100 Lieblingsrezepte mit der neuen Schlank-Formel

von Achim Sam & Prof. Michael Hamm

INHALT

UNSERE DEUTSCHLANK-REZEPTE FÜR JEDEN TYP:

JEDER MENSCH ISST ANDERS

Abnehmen? Das ist für die meisten Menschen sehr, sehr schwer. Es gibt zwar unendlich viele Diätprogramme, doch die wirken häufig nur kurzfristig und leider nicht bei jedem. Das hat einen einfachen Grund, der aber wenig bekannt ist und bei den gängigen kalorienreduzierten Ernährungsformeln nicht berücksichtigt wird: Jeder Mensch ist anders – und jeder Mensch isst anders. Mit weitreichenden Folgen für die Figur. Den meisten ist bewusst, dass unsere Ernährung einen großen Einfluss auf die Gesundheit hat. Doch das ist sehr pauschal. Es gibt noch etwas, das kaum jemand weiß: Wir reagieren höchst unterschiedlich auf das, was wir essen. Die einen verstoffwechseln sofort fast alles. Die anderen lagern es ein und werden es so schnell nicht wieder los.

KEINE DIÄT FÜR ALLE

Mit einer Diät für alle ist niemandem geholfen. Wenn etwa das Weglassen der Kohlenhydrate plötzlich als Schlankmacher gilt, bleibt dabei unberücksichtigt, dass jeder Mensch einen höchst individuellen Stoffwechsel hat. Einer kann mit dem gleichen Essen zunehmen, mit dem ein anderer sein Gewicht hält und ein Dritter sogar abnimmt. Wie kommt das?

Und was bedeutet es, wenn du schlanker werden willst? Eine ganze Menge! Wir, Dipl. oec. troph. Achim Sam und Prof. Dr. troph. Michael Hamm, haben diese Tatsache bei der Entwicklung von Deutschlank in den Mittelpunkt gestellt.

WAS MACHT DICH SCHLANK?

Es ist der erste Schritt weg von Pauschalempfehlungen wie Kohlenhydratverboten hin zu einer typgerechten und angepasst dosierten individuellen Ernährung. Mit einem einfachen Fragebogen entschlüsselst du deinen individuellen Ernährungs-Code und findest heraus, was dich wirklich schlank macht. Dazu gibt's Rezepte speziell für dich, Lebensmittellisten und Verhaltenstipps, die genau auf deinen Abnehmtyp zugeschnitten sind. Los geht's. Ermittle deinen Figur-Schlüssel und werde auf dem Weg schlank, der am besten zu dir passt.

Deine

DAS DEUTSCHLANK-GEHEIMNIS: WELCHE ERNÄHRUNG PASST ZU DIR?

DIE DEUTSCHEN HABEN ZUNEHMEND MIT GEWICHTSPROBLEMEN ZU KÄMPFEN. DIÄTEN SCHEITERN, WEIL PAUSCHALE EMPFEHLUNGEN MEIST NICHT WEITERHELFEN.

Wer kennt das nicht? Es gibt Leute, die können sich offenbar alles erlauben. Süßes essen, so viel sie Lust haben, und dabei kein Gramm zulegen. Auch nach dem reichhaltigen Abendessen knabbern sie Kartoffelchips vorm Fernseher und trinken ein Bier dazu. Wenn sie anschließend auf dem Weg ins Bett dem Kühlschrank gute Nacht sagen und dabei einen Sahnepudding treffen, nehmen sie den auch noch mit. Trotzdem: Übergewicht? Fehlanzeige! Offenbar verarbeiten diese Typen die Leckereien so, dass sie keine sichtbaren Spuren an der Figur hinterlassen. Gespeichert wird nicht. Was hereinkommt, geht direkt in die „Weiterverarbeitung".

Ein traumhafter Zustand. Zumindest aus Sicht der Leute, denen genau das Gegenteil passiert. „Ich muss einen Kuchen nur angucken und schon habe ich ihn auf den Rippen. Ich esse kaum etwas, nehme aber trotzdem zu", lauten ihre Stoßseufzer. Sie werden das Gefühl nicht los, dass alles, was sie über das normale Maß hinaus zu sich nehmen, sofort ins Fettdepot wandert. Mal etwas mehr als sonst gegessen? Zwischendurch ein Glas Fruchtsaft getrunken oder am Kuchenbüfett nicht rechtzeitig Schluss gemacht? Zack, sind zwei Kilo drauf, die hartnäckig bleiben und auch nach strengen Diäten genauso hartnäckig wiederkommen.

Und dann gibt es noch eine ganze Menge Menschen, die sich zwischen diesen beiden Extremen befinden. Wer seine Nahrung weder blitzartig verarbeitet noch übermäßig gut speichert, liegt als Esstyp in der goldenen Mitte. Doch das macht keineswegs dauerhaft zufrieden mit der eigenen Figur. Gleichgültig, um welchen Ernährungstyp es sich handelt – ein immer größer werdender Teil der Deutschen kämpft mit Gewichtsproblemen.

SO DICK WAREN DIE DEUTSCHEN NOCH NIE

Es steht nicht gut um die Gesundheit, die Figur und die Fitness in unserem Land. Jeder Zweite fühlt sich heute zu dick. Nur 45 Prozent treiben regelmäßig Sport, wie eine Umfrage der Techniker Krankenkasse ergab. Darin erklärte fast die Hälfte (48 Prozent), Übergewicht zu haben. Etwas weniger (47 Prozent) halten sich für normalgewichtig. Die Deutsche Gesellschaft für Ernährung stellt fest: So dick waren die Deutschen noch nie. 59 Prozent der Männer und 37 Prozent der Frauen bringen demnach zu viel auf die Waage. Bei den Berufstätigen ist Dicksein heute so verbreitet, dass es nicht mehr die Ausnahme, sondern der Normalzustand ist. Bereits im Alter zwischen 30 und 35 Jahren sind normalgewichtige Männer in der Minderheit. Frauen legen später zu: Mehr

ENTWICKLUNG VON ÜBERGEWICHT UND ADIPOSITAS IN DEUTSCHLAND VON 1998-2012

BEI MÄNNERN

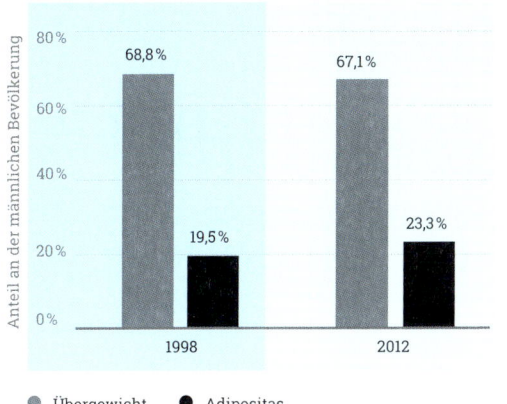

BEI FRAUEN

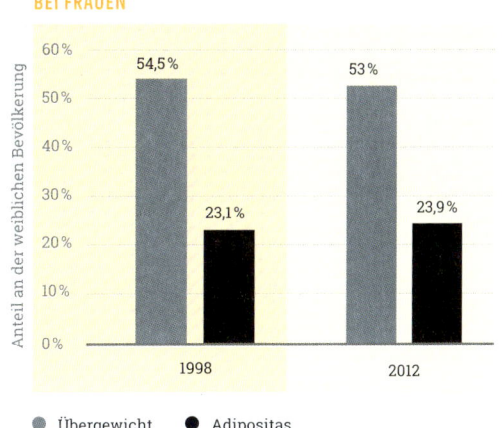

als die Hälfte aller Frauen wird ab 55 Jahren übergewichtig. Im Rentenalter wiegen 74,2 Prozent der Männer deutlich zu viel – und das, obwohl es kaum jemandem am nötigen Wissen über gesunde und ausgewogene Ernährung fehlt. Abnehmprogramme gibt es wie Sand am Meer. Doch sie wirken nicht langfristig, sind zu kompliziert oder im Alltag nicht durchzuhalten. Was läuft falsch?

PAUSCHALE EMPFEHLUNGEN HELFEN NICHT WEITER

„Du musst weniger essen. Mach doch mal ein paar Tage Nulldiät. Verzichte auf Zucker. Lass einfach die Kohlenhydrate weg. Trink mehr Tee. Mach ein paar Reistage. Du solltest die Kalorien reduzieren. Verbanne Fett von deinem Speiseplan. Kauf dir mehr Slim-Produkte. Setz auf Low Carb!" Solche pauschalen Ernährungsempfehlungen helfen leider nicht, um Gewichtsprobleme auf Dauer in den Griff zu bekommen. Ein Blick nach Amerika bestätigt das: Die große Low-Fat-Welle, die in den letzten Jahren das Land überrollte, hat für die meisten Menschen nichts gebracht. Die US-Bürger werden trotzdem immer dicker. Allen Anti-Fett-Kampagnen zum Trotz steigt die Zahl der Übergewichtigen stetig an. Einseitige oder angeblich allgemeingültige Abnehmprogramme haben Nachteile, weil jeder anders darauf reagiert. Wenn

wir zum Beispiel auf Kohlenhydrate verzichten, lassen wir die Tatsache einfach außer Acht, dass diese eine wichtige Funktion haben. Das kennst du vielleicht, wenn du schon einmal ein Ernährungsprogramm gemacht hast, das auf Low Carb basiert: Du bekommst schnell schlechte Laune. Deine Serotonin-Synthese funktioniert nicht mehr richtig. Ein niedriger Spiegel des Gute-Laune-Hormons kann zu Depressionen und trauriger Stimmung führen, mit weiteren Folgen: Schlafstörungen, Frieren oder Heißhunger auf Süßes.

DEFINIERE DEINE PERSÖNLICHEN REGELN

Bei Deutschlank lautet die Devise: Pass deine Ernährungsregeln an deinen Ernährungstyp an – und nicht umgekehrt. Also unterwirfst du dich nicht pauschalen Regeln, sondern definierst deine eigenen. Mithilfe unserer Typisierungen erkennst du, wie viel von welchen Nährstoffen gut für dich ist. Wenn du eine Zeit lang nach unseren Rezepten gekocht hast, bekommst du ein Gefühl dafür, mit welchen Kombinationen du aus deutschen Klassikern echte Schlank-Mahlzeiten machst. Bitte beachte: Wenn du sehr große Probleme mit deiner Figur hast, solltest du dir zusätzlich Hilfe von Ernährungsberatern oder Fachkliniken holen, die individuelle Therapien anbieten.

DER STOFFWECHSEL IST WICHTIGER ALS KALORIENZÄHLEN

ERNÄHRUNGSFORSCHER KOMMEN ZUNEHMEND ZU DER ERKENNTNIS, DASS DIE IDEE VOM KALORIENZÄHLEN ALLEIN ÜBER BORD GEWORFEN WERDEN MUSS. STATTDESSEN GEHT ES DARUM, DIE NAHRUNG INDIVIDUELL UND TYPGERECHT KLUG ZUSAMMENZUSTELLEN.

„Ich schaffe das nicht. Ich halte keine Diät durch. Ich versage immer wieder." Das sagen viele Menschen, die schon zahlreiche Diäten hinter sich haben, aber damit ihre Gewichtsprobleme nicht langfristig lösen konnten. Dass das Abnehmen für einen Großteil der Bevölkerung so schwierig ist, liegt nicht an mangelnder Disziplin oder fehlender Motivation, sondern an ganz anderen Faktoren, die kaum bekannt sind. Im Rahmen von Forschungsarbeiten konnten Wissenschaftler zum Beispiel empirisch belegen, dass sich einzelne Menschen sehr darin unterscheiden, mit welchen Nahrungsmitteln sie am effektivsten abnehmen. Das führt dazu, dass der Ruf nach individuell zugeschnittenen Plänen immer lauter wird. „Denn sie funktionieren besser als Universalkonzepte für alle", lautet das Fazit.

HEISSHUNGER ADE! DU BIST AUF DEM BESTEN WEG

Heißhunger verhindern – das funktioniert am besten mit protein- und ballaststoffreichen Lebensmitteln, die in der Regel gut sättigen. Das kennst du wahrscheinlich. Isst du zum Frühstück gezuckerte Cornflakes, meldet sich der Hunger in den Stunden danach schnell zurück. Isst du hingegen ein Rührei oder Haferbrei, hältst du länger durch. Das liegt daran, dass Lebensmittel mit niedrigem glykämischem Index den Blutzucker-

spiegel nur wenig ansteigen lassen. Also besser viel Protein, ballaststoffreich und kohlenhydratarm essen? Das gilt für Übergewichtige, die zu viel Insulin ausschütten, aber deshalb noch nicht für jeden. Wer nämlich ohnehin nicht viel Insulin ausschüttet, muss den Kohlenhydratanteil nicht reduzieren, um abzunehmen. In solchen Fällen hilft Kalorienreduktion besser. Du gelangst von allein auf den Weg, der am besten zu dir passt, wenn du deinen Ernährungstyp herausgefunden hast.

Wie effektiv der Körper Nahrungsmittel verdauen und verwerten kann, hängt unter anderem von deren Beschaffenheit und der Zusammensetzung ab. Hier lautet der Grundsatz: **Du sollst deinen Hunger nicht verdrängen oder ignorieren, sondern ihn gar nicht erst entstehen lassen.** Mit dem Deutschlank-Programm und den auf deine Bedürfnisse angepassten Rezepten bist du schon auf dem besten Weg. Denn die sind so aufgebaut, dass du dich vor dir selbst schützt. Heißhunger entsteht nämlich physiologisch gesehen nicht nur durch Hungern, wie der Begriff es nahelegt, sondern auch dadurch, was man isst und wann man es tut!

VIELE VERSCHIEDENE FAKTOREN SPIELEN EINE ROLLE

Ebenfalls eine wichtige Rolle spielt der individuelle Stoffwechsel und das sogenannte Mikrobiom, also die Bakterienbesiedlung des Darms (siehe auch Seite 12). Nicht zu vergessen: die Gene, der Körpertyp und – natürlich – der individuelle Lebensstil. Forscher und Lebensmittelhersteller setzen zunehmend darauf, dass jeder Mensch individuelle Ernährungsempfehlungen braucht. Der Zusammenhang zwischen Ernährung und Erbgut wird ebenfalls immer wichtiger, denn digitale Techniken ermöglichen Datenerhebungen in bisher unbekanntem Ausmaß. Das kann bei der Behandlung von Krankheiten ebenso eine Rolle spielen wie beim Kampf gegen Übergewicht – oder bei dem Wunsch, einfach ein paar Kilo weniger auf die Waage zu bringen. Denn: Je mehr man über sich selbst erfährt, desto genauer lassen sich daraus Folgerungen fürs eigene Verhalten schließen.

WIR KENNEN KAUM NOCH NATÜRLICHE ESSGRENZEN

Je besser dein Essplan zu dir passt, desto leichter wird es dir fallen, dich danach zu ernähren und dich im Dschungel der unzähligen Verführungen zurechtzufinden. Unser Körper weiß instinktiv, wie viel ihm guttut und wann er satt ist. Wären wir keinen Einflüssen von außen ausgesetzt,

würden wir uns automatisch ausgewogen und gesund ernähren. Wir würden unsere natürliche Sättigungsgrenze nicht überschreiten und selbst bei Süßigkeiten Schluss machen, wenn es uns reicht. Das beste Beispiel dafür ist das Essverhalten von Babys. Haben sie Hunger, melden sie sich unmissverständlich. Sind sie satt, wird der Mund geschlossen, der Kopf abgewendet. Die Fähigkeit, sich angemessen zu ernähren, ist den Menschen mit zunehmendem Wohlstand mehr und mehr abhandengekommen.

LASS RUHIG MAL EIN BISSCHEN MAGENKNURREN ZU

Die großen Mengen, die uns heute rund um die Uhr zur Verfügung stehen, niedrige Preise, unrealistische Werbeversprechen, Überfluss zu Hause und im Supermarkt, Zeitmangel und Hektik im Alltag, fehlende Bewegung – all das führt dazu, dass wir die natürlichen Grenzen nicht mehr kennen und ständig überschreiten, ohne es bewusst wahrzunehmen. Kannst du dich noch erinnern, wann du das letzte Mal so richtig Hunger hattest? Lass ruhig mal zu, dass dein Magen knurrt. Der Mensch kann von Natur aus gut viele Stunden ohne Nahrung durchhalten. Es muss dann nicht sofort etwas Essbares her. Es geht vielmehr darum, wieder ein Gefühl für echten Hunger zu entwickeln und Esspausen durchzuhalten.

PERSONALISIERTE ERNÄHRUNGSPLÄNE FÜRS LEBEN

JEDER MENSCH REAGIERT ANDERS AUF BESTIMMTE NAHRUNGSMITTEL. DIE ESSBEDÜRFNISSE UND DIE KONSTITUTION SIND WIE EIN PERSÖNLICHER FINGERABDRUCK. DESHALB SOLLTE AUCH DIE „BEHANDLUNG" TYPGERECHT SEIN. JEDER MUSS HERAUSFINDEN, WIE ER ES SCHAFFT, DAS GEWÜNSCHTE GEWICHT, DAS ZU SEINEM ORGANISMUS PASST, ZU ERREICHEN UND ZU HALTEN .

An personalisierten Ernährungsplänen führt kein Weg vorbei. Die begleiten nicht nur durch die Abnehmphase, sondern bleiben auch danach erhalten, wenn es darum geht, das erreichte Gewicht nicht wieder zu verlieren. Du wirst staunen. Manchmal sind es nur kleine Anpassungen, die große Veränderungen bewirken. Hast du vielleicht bisher gedacht, dass ein Vitaminsaft zwischendurch ein prima Fitmacher und rund um die Uhr willkommen ist? Oder dass Weintrauben gesundes Obst sind, also nicht dick machen? Dann wirst du bald umdenken, was dir aber nicht allzu schwerfallen wird. Denn grundsätzlich gilt auch bei Deutschlank vieles, was du ohnehin schon weißt. Die Regeln einer gesunden Ernährung stehen im Mittelpunkt.

DEUTSCHLANK: ENTSCHLÜSSELE DEINEN FIGUR-CODE

Um deine Formel zu finden, musst du wissen, ob du ein Verbrenner-, ein Speicher- oder ein Mischtyp bist. Das kannst du mithilfe unseres Fragebogens (ab Seite 16) herausfinden. Entschlüssele deinen Figur-Code! Welche Folgen das für deine Ernährung und dein Verhalten hat, erfährst du nach der Auswertung. Zusätzlich geben wir dir Hinweise, die deine Ernährungsumstellung erleichtern. Im Rezeptteil findest du 100 maßgeschneiderte Gerichte, die speziell für deinen Typ zusammengestellt wurden. Als Mischtyp wählst du die jeweilige Basisvariante, als Verbrenner- oder Speichertyp bekommst du das gleiche Grundrezept, aber mit einer anderen Zusammensetzung von Eiweiß, Fett und Kohlenhydraten, die über unterschiedliche Beilagen und Zutatenmengen erreicht wird. Das ist einzigartig! Für Deutschlank haben wir uns an der klassischen deutschen Küche orientiert. Wir zeigen dir deine Lieblingsgerichte, ergänzt mit einer optimalen Versorgung mit Omega-3-Fettsäuren. Die frischen Zutaten dazu findest du in jedem Supermarkt. Einfach, schnell und unkompliziert – und ohne Kalorienzählen.

FRAGEBOGEN ALS QUICK-CHECK

Mit dem Fragebogen in diesem Buch hast du einen Quick-Check zur Hand, mit dem du schnell und unkompliziert die für dich passende Ernährungsform findest. Diesen Test haben wir in Zusammenarbeit mit Perfood sowie Ernährungsmedizinern des Instituts für Ernährungsmedizin (Direktor: Prof. Dr. med. Christian Sina) der Universität zu Lübeck entwickelt. Dafür wurden im Rahmen einer umfangreichen Studie bei mehr als 150 Probanden über zwei Wochen Blutzuckerreaktionen auf verschiedene Lebensmittel analysiert. Wenn du – über den Fragebogen in diesem Buch hinaus – weitere Analysen und das komplette Deutschlank-Programm machen möchtest, findest du mehr unter www.deutschlank.com.

MILLIONEN KLEINE FREUNDE

Wenn du Interesse an einer Studienteilnahme oder an einer detaillierten Analyse deiner individuellen Stoffwechselreaktionen auf Nahrungsmittel hast und exakt wissen möchtest, welche Lebensmittel gut für dich sind und welche du meiden solltest, informiere dich über das Programm „MillionFriends" der Perfood GmbH, dessen Studienergebnisse Deutschlank begleiten. Dabei wird dein Stoffwechsel anhand deiner Darmbakterien (deiner Millionen kleiner Freunde), deines Gewebeblutzuckerverlaufs und eines Ernährungstagebuchs analysiert, um daraus personalisierte Ernährungsempfehlungen abzuleiten. Weitere Informationen gibt es unter www.millionfriends.de.

DAS SPEICHER-HORMON:
WIE INSULIN AUF DEN STOFFWECHSEL WIRKT

Sobald wir Kohlenhydrate gegessen haben, signalisieren bereits geringe Zuckermengen im Blut der Bauchspeicheldrüse, dass Insulin freigegeben werden muss. Zeitgleich wird neues Insulin produziert, damit das Lager wieder gefüllt ist und es nicht zu Engpässen kommt. Wird mehr Energie antransportiert als verbraucht wird, lagern die Zellen die überschüssige Energie zunächst in den Kohlenhydratspeichern und dann in den Fettdepots ab. Sind sie dort gelandet, sorgt das Insulin dafür, dass sie nicht in Form von Fettsäuren in die Blutbahn gelangen, also in den Reservelagern bleiben. Etwa zwei bis drei Stunden nach einer Mahlzeit hat das Insulin seinen Job erledigt: Der Blutzuckerspiegel pegelt sich auf einem normalen Wert ein. Wenn über einen längeren Zeitraum zu viel Glukose angeliefert wird, weil wir zu oft und zu viel Süßes essen und dem Insulin keine Pause mehr gönnen, bricht das Transportsystem zusammen.

Das Insulin schafft es nicht mehr, genug Zucker aus dem Blut in die überfüllten Zellen zu bringen. Der Körper reagiert immer schlechter auf das Hormon. Der Insulinspiegel bleibt dauerhaft hoch, bis es zu einer Insulinresistenz kommt. Das führt langfristig zu Typ-2-Diabetes. Der erkrankte Mensch ist auf Ersatz angewiesen. Es müssen Medikamente oder zusätzliches Insulin zugeführt werden. Ein hoher Insulinspiegel wird mit Übergewicht, Herzkrankheiten oder Krebs in Verbindung gebracht und kann zu Insulinresistenz führen. Es gilt also, den Spiegel ausgeglichen zu halten.

DAS MIKROBIOM: WIE DIE DARMFLORA DICH SCHLANK MACHEN KANN

„ALLE ERKRANKUNGEN BEGINNEN IM DARM." WAS DER GRIECHISCHE ARZT HIPPOKRATES (460 – 370 V. CHR.) SCHON AHNTE, GILT AUCH HEUTE NOCH. DANK MODERNER ANALYSETECHNIKEN LASSEN SICH MEDIZINISCHE WEISHEITEN ZUNEHMEND BESSER WISSENSCHAFTLICH BELEGEN.

Das Mikrobiom, also die Gesamtheit aller Mikroorganismen, die im Darm (Darmflora), auf der Haut und in den Schleimhäuten leben, rückt immer weiter ins Blickfeld der Ernährungsforschung. Es hat einen großen Einfluss auf unsere Gesundheit. Dazu muss man wissen, dass der Mensch von Billionen winzigen Organismen besiedelt wird. Ohne diese Mitbewohner hätte unser Immunsystem schlechte Chancen, Krankheiten abzuwehren.

EIN INDIVIDUELLES BAKTERIENSYSTEM

Die Darmflora ist ein individuelles Bakteriensystem, das über Krankheiten wie Asthma, Allergien, Kopfschmerzen, Diabetes, Neurodermitis und eventuell auch über Krebs bestimmt. Sie ist auch an der Organisation des Energiehaushalts und des Herz-Kreislauf-Systems beteiligt. Bereits bei der Geburt ist die Basis festgelegt. Wie sich das Mikrobiom dann weiterentwickelt, hängt zum großen Teil mit der Ernährung zusammen. Denn alles, was wir essen, hat Einfluss auf den Zustand unseres Darms – und der wiederum bestimmt mit darüber, wie es um unsere Gesundheit, unser Wohlbefinden und auch um unser Gewicht steht. Die Darmflora ist bei jedem Menschen anders – mit Folgen für die Figur.
Der Biologe Jeffrey Gordon von der Washington Universität in St. Louis belegte das an Menschen und Mäusen. Dafür verglich er die Darmflora von dicken und mageren Mäusen ebenso wie die von übergewichtigen und schlanken Menschen. Beide nahmen zu, wenn sich die Bakterienvielfalt im Darm verringerte. Dass das nicht an den Genen liegt, konnten Wissenschaftler in weiteren Versuchen mit Mäusen belegen.

UNTERSUCHUNGEN MIT ZWILLINGEN

Bekamen die dünnen Tiere Darmkeime ihrer übergewichtigen Artgenossen, legten sie ebenfalls zu, obwohl ihnen nicht mehr und nicht weniger Futter als vorher zur Verfügung stand. Untersuchungen mit Zwillingen führten zu einem ähnlichen Resultat. Mäuse bekamen jeweils das Mikrobiom eines fettleibigen und das eines schlanken Zwillings von eineiigen Zwillingspaaren. Unter einer fettreichen Diät nahmen dann nur die Mäuse mit dem Mikrobiom des übergewichtigen Zwillings zu.

ERNÄHRUNG UND LEBENSSTIL SIND ENTSCHEIDEND

Was bedeutet das für den Abnehmerfolg? Neue Daten zeigen, dass ein Eingriff in den Insulinhaushalt über das Mikrobiom möglich ist. So lassen sich zum Beispiel der Appetit und die Insulinsensitivität steuern. Die Ernährung und der Lebensstil spielen dabei eine wichtige Rolle. **Dazu gehören:**

Ballaststoffe

Ohne Ballaststoffe fehlt den Darmzellen Nahrung. Die Darmschleimhaut kann nicht mehr richtig versorgt werden. Ballaststoffe setzen die Energiedichte der Nahrung herab und reduzieren den Anstieg der Blutglukose nach der Mahlzeit. Sie sättigen ausgezeichnet und verhindern damit Heißhunger.

DEUTSCHLANK-TIPP:

Vollkornprodukte, Obst, Gemüse, Hülsenfrüchte oder Nüsse sind gute Ballaststoff-Lieferanten. Mindestens 30 Gramm täglich werden empfohlen. Zur Orientierung: 100 Gramm Linsen enthalten 17 Gramm Ballaststoffe, Vollkornhaferflocken 10 Gramm, ungeschälter Leinsamen 35 Gramm und getrocknete Aprikosen 17,3 Gramm.

Salz

Darmbakterien reagieren empfindlich auf Salz. Im Rahmen einer Studie des Berliner Max-Delbrück-Centrums und der Charité fanden Wissenschaftler heraus, dass Kochsalz die Zahl bestimmter Milchsäurebakterien im Darm reduziert. Das kann unter anderem Bluthochdruck mitverursachen und zumindest bei Mäusen zu Autoimmunität führen.

DEUTSCHLANK-TIPP:

Salze nicht unnötig nach. Viele verarbeitete Lebensmittel sind bereits gesalzen. Außerdem kannst du salzreiche Produkte durch salzärmere ersetzen. Zum Beispiel: gekochten Schinken statt geräucherten, Putensalami statt Salami, Mozzarella statt Gouda, Sesamstangen statt Salzstangen, gekochte Kartoffeln statt fertige Knödel verwenden.

Süßstoff

Künstliche Süßstoffe verändern das Mikrobiom. Obwohl sie vor einiger Zeit noch vor allem Diabetikern für eine zuckerfreie und kalorienreduzierte Kost empfohlen wurden, stehen sie inzwischen im Ruf, über die Darmflora eher dick als dünn zu machen.

DEUTSCHLANK-TIPP:

Versuche Süßstoffe (Saccharin, Cyclamat, Sucralose, Aspartam) zu reduzieren und lerne, mit weniger süß zufrieden zu sein.

4. Kohlenhydrate

Eine groß angelegte Studie mit 130 000 Teilnehmern aus der ganzen Welt zeigte, dass übermäßiger Verzehr von Kohlenhydraten das Leben verkürzt. Obwohl in der Studie nicht so ausgesprochen, handelt es sich hierbei eher um einfache und schnell verfügbare Kohlenhydrate. Je mehr davon gegessen werden, desto höher ist die Gesamtmortalität.

DEUTSCHLANK-TIPP:

Versuche, zuckerhaltige Lebensmittel zu reduzieren. Dazu gehören nicht nur die bekannten Klassiker wie Sahnetorte, Süßigkeiten oder Tiramisu, sondern auch weniger bekannte Zuckerbomben – zum Beispiel Dosenananas, Fruchtjoghurt, Ketchup, Cappuccino, Kakao oder Tee aus Instantpulver, Softdrinks, fertiges Salatdressing oder Schokomüsli.

5. Emulgatoren

Emulgatoren sind Stoffe, die die Haltbarkeit oder die Konsistenz von Lebensmitteln verändern. Sie stecken vor allem in Fertigprodukten und galten lange als harmlos, bis eine Studie der Georgia State University an Mäusen nachweisen konnte, dass diese Stoffe die Darmflora so veränderten, dass es zu Darmentzündungen kommen kann. Die Mäuse fraßen mehr, wurden dicker und entwickelten Insulinresistenzen. Die Erkenntnisse lassen sich auf den Menschen übertragen. Emulgatoren fördern Übergewicht.

DEUTSCHLANK-TIPP:

Achte auf die Zutatenliste und meide Produkte mit Emulgatoren. Die stecken oft in Milchprodukten, Saucen, Dressings, Mayonnaise, Backwaren oder Eiscreme.

6. Schlaf

Wenn der Schlafrhythmus gestört wird, verändert sich das Mikrobiom. Diese Veränderungen stehen im Verdacht, unter anderem Adipositas zu begünstigen.

DEUTSCHLANK-TIPP:

Achte darauf, dass du sechs bis acht Stunden im Dunkeln und möglichst oft im gleichen Rhythmus schläfst.

Jo-Jo-Effekt

80 Prozent aller Mäuse, die im Rahmen von Studien erst fett gefüttert, dann auf Diät gesetzt und dann wieder fettreich versorgt wurden, reagierten mit einem veränderten Mikrobiom und zeigten nach dem Abnehmen einen starken Jo-Jo-Effekt. Forscher fanden heraus, dass der Bedarf an bestimmten Pflanzenstoffen, an sogenannten Flavonoiden, nach einer Diät erhöht ist.

DEUTSCHLANK-TIPP:

Mit reichlich buntem Gemüse (wegen der darin enthaltenen Flavonoide) kannst du dem Jo-Jo-Effekt entgegenwirken. Gute Flavonoide-Lieferanten sind rote Gemüse – zum Beispiel Rotkohl und Rote Bete, roter Salat, rotstieliger Mangold oder rote Zwiebeln.

Temperatur

Erstaunlicherweise hat auch die Temperatur, die dich umgibt, einen Einfluss auf deine Darmflora und damit auf dein Gewicht. Wenn der Körper keine Energie durch Schwitzen oder Frieren aufwenden muss, hat er einen niedrigeren Grundumsatz.

DEUTSCHLANK-TIPP:

Du musst nicht frieren, solltest deine Wohnung aber auch nicht überheizen. Gehe regelmäßig raus und setze dich wechselnden Temperaturen aus.

OMEGA 3: DIE SCHLANKMACHER-FETTE

Omega-3-Fettsäuren sind die Insulin-Optimierer. Durch die Verbesserung des Blutzucker-Insulin-Haushalts und die verbesserte Insulinwirkung benötigt der Körper weniger von diesem Hormon, was gleichzeitig eine höhere Fettverbrennung bewirkt und die Hunger-Sättigungs-Regulation positiv beeinflusst. Damit leisten Omega-3-Fettsäuren einen wirksamen Beitrag zur persönlichen Gewichtsregulation. Außerdem haben sie eine positive Wirkung auf das Mikrobiom. Unser Körper kann diese Fettsäuren nicht selbst herstellen, deshalb ist es wichtig, dass du sie regelmäßig über deine Nahrung aufnimmst. Die besten Omega-3-Lieferanten sind fette Fische wie Lachs, Makrele, Hering, Thunfisch oder Sardine in Öl. Wer Fisch nur selten oder gar nicht isst, kann gesunde Fettsäuren am einfachsten in Form von Fischöl als Kapseln einnehmen. Spezielle Empfehlungen für deinen Typ findest du ab Seite 18.

ERNÄHRUNGSTYPEN: ZU WELCHER GRUPPE GEHÖRST DU?

VERBRENNER-, SPEICHER- ODER MISCHTYP: FINDE MIT DIESEM CHECK-UP HERAUS, WIE DEIN STOFFWECHSEL ARBEITET. KREUZE BEI JEDER FRAGE AN, OB DIE AUSSAGE AKTUELL AUF DICH ZUTRIFFT ODER NICHT.

▲ Wenn ich mehrere Stunden nichts gegessen habe, bin ich leicht reizbar, zittrig oder sogar deprimiert.

Nein ○ Ja ○

● Mit drei Mahlzeiten pro Tag geht es mir am besten.

Nein ○ Ja ○

■ Ich trinke am liebsten Limonaden und Säfte.

Nein ○ Ja ○

▲ Ich wache nachts manchmal auf und esse etwas Süßes.

Nein ○ Ja ○

● Ich lasse auch mal was auf dem Teller liegen, wenn ich satt bin.

Nein ○ Ja ○

■ Sport und Bewegung sind nicht so mein Ding.

Nein ○ Ja ○

● Es fällt mir schwer stillzuhalten, ich muss eigentlich immer in Bewegung sein.

Nein ○ Ja ○

▲ Mein Bauchumfang (gemessen an der dicksten Stelle) ist größer als 88 cm (bei Frauen) bzw. 102 cm (bei Männern).

Nein ○ Ja ○

■ Ich habe nur sehr selten Heißhunger.

Nein ○ Ja ○

▲ Ich bin besser gelaunt, wenn ich Schokolade gegessen habe.

Nein ○ Ja ○

● Ich würde mich eher als langsamen Esser bezeichnen.

Nein ○ Ja ○

▲ Ich bin eher der ruhige und gelassene Typ.

Nein ○ Ja ○

▲ Ich neige zu Übergewicht, obwohl ich weniger esse als andere.

Nein ○ Ja ○

● Ich schwitze nach dem Sport noch lange nach.

Nein ○ Ja ○

■ Ich habe oft Verlangen auf Brot, Kuchen und Süßigkeiten.

Nein ○ Ja ○

■ Ich habe das Gefühl, nach einer großen eiweißreichen Mahlzeit (viel Fleisch) leicht ins Schwitzen zu kommen.

Nein ○ Ja ○

● Ich habe keine Schilddrüsenunterfunktion.

Nein ○ Ja ○

■ Obwohl ich gern und regelmäßig esse, brauche ich nicht unbedingt Snacks.

Nein ○ Ja ○

▲ Ich habe bereits Diäten durchgeführt, aber jedes Mal wieder an Gewicht zugenommen, sogar mehr als das Ausgangsgewicht.

Nein ○ Ja ○

■ Ich muss schon immer auf mein Gewicht achten.

Nein ○ Ja ○

● Stress schlägt mir auf den Magen und ich habe dann keinen Hunger/Appetit.

Nein ○ Ja ○

AUSWERTUNG

Zähle bei jedem Symbol, wie oft du NEIN gesagt hast:

▲ ___ Nein   ● ___ Nein   ___ Nein

Bei welchem Symbol hast du am häufigsten NEIN angekreuzt?

WELCHER TYP DU DAHER BIST, ERFÄHRST DU AUF SEITE 35 UNTEN.

Je höher die Anzahl deiner Neins bei einem Ernährungstypen ist, desto eindeutiger gehörst du zu dieser Gruppe. Wenn du bei mehreren Symbolen gleich viele Neins oder nur sehr geringe Unterschiede in der Anzahl hast, liegst du im mittleren Bereich, bist also wahrscheinlich der Mischtyp. Das trifft statistisch gesehen auf die meisten zu. Bitte beachte: Fülle diesen Fragebogen in Ruhe aus – vielleicht erst einmal mit Bleistift. Wiederhole dies ruhig später noch einmal. Es kann sein, dass du dein Essverhalten und damit deinen Ernährungstypen im Laufe der Zeit änderst und später zu einem anderen Ergebnis kommst. Wenn du es noch genauer wissen willst, findest du eine exaktere Ernährungsanalyse unter www.deutschlank.com.

SO NIMMST DU INDIVIDUELL UND TYPGERECHT AB

Für Deutschlank wurde das Essverhalten von mehr als 150 Probanden zwei Wochen lang in umfangreichen Tests mit Ernährungsprotokollen, Abfragen der Verzehrhäufigkeiten, dauerhaften Blutzuckeruntersuchungen und Testmahlzeiten analysiert. Die Zahl der Teilnehmer an der Studie wächst ständig (mehr Informationen zur Teilnahme findest du ebenfalls unter www.deutschlank.com). Die wichtigsten Erkenntnisse erfährst du auf den nächsten Seiten – passgenau zu deinem Typ.

DER MISCHTYP:
DER INSULIN-NEUTRALE

ACHTE BEI DEINER ERNÄHRUNG AUF EINE AUSGEWOGENE MISCHKOST. UM ABZUNEHMEN, SETZT DU AUF KALORIENREDUKTION.

Die Gruppe der Mischtypen macht etwa 64 Prozent und damit einen Großteil unserer Studienteilnehmer aus. Diese insulinneutralen Esser haben einen mittleren BMI. Während unserer Testphase aßen die Mischtypen mit 2100 Kalorien pro Tag am wenigsten von allen Gruppen. Mischtypen folgen hinsichtlich Essverhalten und Nahrungsaufnahme meist dem „goldenen Mittelweg". Eventuell haben sie in unterschiedlichen Lebensphasen (zum Beispiel unter Stress im Studium oder im Job, während einer Schwangerschaft oder in einer Phase, in der sie das Rauchen aufgegeben haben) überkalorisch gegessen. Das blieb nicht ohne Folgen für die Figur. So wurden in diesen Zeiten immer wieder neue Fettzellen angelegt, sodass der Körper sich stetig auf ein neues Höchstgewicht programmiert hat. Kein Wunder, dass Mischtypen häufig das Gefühl haben, mit dem Älterwerden von allein zuzunehmen und dass es immer schwieriger wird, das für sie persönlich richtige (Wunsch-)Gewicht wieder zu erreichen.

Mischtypen zeigten in unserer Studie im Verhältnis zu den beiden anderen Typen eine neutrale Insulinausschüttung und mittlere Blutzuckerwerte. Das heißt, dass dieser Typ weder hohe noch niedrige Blutzuckerreaktionen zeigt. Das ist gut, denn für Mischtypen gilt: Du kannst im Prinzip alles essen, nur in Maßen und nicht in Massen. Der Dickmacher ist bei Mischtypen eine phasenweise zu hohe Energieaufnahme in Kombination mit zu wenig Bewegung.

LASS DICH NICHT ZUM NASCHEN VERFÜHREN

Wahrscheinlich wirst du als Mischtyp hungrig, wenn du ein paar Stunden nichts gegessen hast, bist aber zwischendurch nicht ständig auf der Suche nach Naschereien gegen Stress, Frust oder Langeweile. Allerdings besteht bei dir die Gefahr, dass du dich von Süßigkeiten verführen lässt. Liegt eine Tafel Schokolade im Lager, kann es passieren, dass du sie komplett vertilgst. Diese Gefahr besteht vor allem, wenn du hungrig bist und nichts Gesundes greifbar ist. Auch beim Obst ist Zurückhaltung geboten. Prinzipiell kannst du zwar jedes Obst essen, solltest das aber nicht ständig tun. Iss es zu den Hauptmahlzeiten und nicht als Snack zwischendurch. Gut geeignet für deine Figur sind Äpfel, Orangen und Beerenfrüchte. Auf Trauben und Bananen solltest du nach Möglichkeit verzichten.

MIT DREI HAUPTMAHLZEITEN ZUM ERFOLG

Um deine Figur zu halten, ist ein gleichbleibender Blutzuckerspiegel sehr wichtig. Mit der richtigen Nährstoffzusammensetzung dürfte es für dich nicht schwer sein, dein Wunschgewicht wieder zu erreichen. Dein Stoffwechsel arbeitet normal. Er hat keine bestimmten Vorlieben, du bist also der klassische Kandidat für eine ausgewogene Mischkost. Um abzunehmen, musst du die Kalorien reduzieren. Mit unseren Turbo-Gerichten (ab Seite 192) kannst du das noch verstärken. Der Schlüssel für deine Wunschfigur liegt in drei Hauptmahlzeiten.

DEINE IDEAL-FORMEL
50-30-20

20 % Eiweiß

50 % Kohlenhydrate

30 % Fett

Das heißt: Für dich sollten 50 % der Kalorien aus Kohlenhydraten, 30 % aus Fett und 20 % aus Eiweiß bestehen.

⟶ DEINE TOP 3 DEUTSCHLANK-TIPPS

1 **Iss jeden Tag drei Hauptmahlzeiten und verzichte auf Snacks zwischendurch** - dazu zählen zum Beispiel auch Kaffee-Getränke wie Latte macchiato und Obst.

2 **Iss insgesamt einfach etwas weniger als bisher.** Lass Extrazuschläge weg. Du brauchst keine XXL-Portionen. Probiere lieber mal aus, jeden Bissen zwanzigmal zu kauen - du wirst schnell merken, dass du dadurch automatisch insgesamt viel weniger isst.

3 **Lege dir keine Naschvorräte zu Hause an** - oder lagere sie zumindest nicht direkt neben dem Fernseher, sondern an einem Ort, zu dem du mindestens 20 Schritte gehen musst, um dranzukommen (zum Beispiel auf dem Dachboden, im Keller oder in der Garage). Wenn du Lust auf etwas Süßes hast, dann iss es nicht zwischendurch, sondern gönne es dir direkt im Anschluss ans Mittagessen als Dessert.

DEINE DEUTSCHLANK-BEILAGEN

KARTOFFELN

bitte kochen, abkühlen lassen und dann weiterverarbeiten. Das verbessert die glykämische Last. Wenn du keine Kartoffeln essen möchtest, eignen sich Pastinaken oder Artischocken.

MÖHREN

sind gut für dich geeignet.

KOMBINATION

Du kannst Kartoffeln mit Sellerie, Möhren, Kürbis, Steckrüben oder Pastinaken kombinieren.

NUDELN

solltest du nicht matschig werden lassen, sondern immer al dente zubereiten. Am besten nimmst du Vollkorn- oder Eiernudeln.

REIS

isst du in Maßen. Zum Beispiel Langkornreis, Risottoreis, Milchreis, Wildreis oder Sushireis. Bei diesen Sorten solltest du den Reis kochen und vor der Weiterverarbeitung erkalten lassen (zum Beispiel für eine Reispfanne).

GETREIDEFLOCKEN

solltest du bevorzugt als Hafer- oder Roggenflocken essen.

GEMÜSE

Hier musst du dich nicht zurückhalten. Alle Gemüsesorten sind für dich erlaubt.

➡ DEINE TOP-SUPPORTER

Für dich gilt freie Fahrt für Lebensmittel mit geringer Energiedichte. Zum Beispiel:

1. Blattsalate
2. Gemüse
   (Brokkoli, Spinat, Paprika)
3. Kartoffeln
4. Kohl
   (Blumenkohl, Weißkohl)
5. Hülsenfrüchte
   (Bohnen, Linsen)
6. Milch
7. Hüttenkäse/Harzer Käse
8. Eier
9. Putenbrust
10. Fisch und Meeresfrüchte

➡ DEINE OMEGA-3-FETTSÄUREN

Wir empfehlen dem Mischtypen Fischöl-Kapseln mit 300 bis 500 EPA/DHA mg pro Tag. Am besten nimmst du Kapseln zu einer Hauptmahlzeit mittags oder abends. Zusätzlich empfehlen wir dir, morgens direkt nach dem Aufstehen einen Esslöffel Leinöl einzunehmen. Omega-3-Fettsäuren haben einen positiven Effekt auf die Fettverbrennung, indem sie die Insulinwirksamkeit verbessern, sodass insgesamt weniger Insulin benötigt wird – und je weniger Insulin, desto höher ist die Fettverbrennung und desto geringer der Hunger. Außerdem unterstützt das Leinöl die Verdauung und wirkt entzündungshemmend.

➡ DEINE ABENDMAHLZEIT

Die letzte Mahlzeit des Tages solltest du bis spätestens 19 Uhr eingenommen haben.

➡ DEINE ESSPAUSEN

Halte zwischen drei Mahlzeiten pro Tag mindestens vierstündige Esspausen ein.

➡ DEINE DEUTSCHLANK-REZEPTE

Für dich ist alles geeignet, was in den Rezepten als Variante „M" für den „Mischtypen" vorkommt. Zusätzlich wird dich die Kalorienreduktion gegenüber deinem sonstigen Essverhalten weiterbringen. Mit unseren Turbo-Gerichten (ab Seite 92) kannst du deinen Erfolg beschleunigen.

DER VERBRENNERTYP: DER INSULIN-ÖKONOM

DU DARFST ALLES ESSEN – AUCH KOHLENHYDRATBETONT, MUSST ABER DEINE KALORIEN UND DIE QUALITÄT DER CARBS IM BLICK BEHALTEN.

26 Prozent unserer Teilnehmer zählen zur Gruppe der Verbrennertypen mit dem geringsten Body-Mass-Index (BMI). Sie aßen während der Testphase etwa 2300 Kilokalorien pro Tag und nahmen damit mehr zu sich als die Mischtypen. Im Vergleich zu den beiden anderen Gruppen essen Verbrenner am wenigsten Fett.

Sie haben im Durchschnitt die höchsten und stabilsten Blutglukosewerte. Das spricht dafür, dass sie im Vergleich zu den anderen Stoffwechseltypen eine niedrigere Insulinausschüttung haben. Wichtig zu wissen: Je geringer das Insulin, desto höher ist parallel die Fettverbrennung und desto geringer ist die Heißhungergefahr (siehe auch Seite 11). Der Blutzuckerspiegel bleibt bei den Verbrennertypen nach einer Mahlzeit grundsätzlich konstanter und fällt nicht zu stark ab. Dadurch neigt der Insulin-Ökonom auch weniger zu Heißhungerattacken als der Insulin-Effiziente. Diese Stoffwechseleigenschaften sind in der heutigen Zeit in puncto Figur ein großer Vorteil, denn die Insulin-Ökonomen nehmen nicht so leicht zu und können ihr Gewicht besser halten. Früher in der Steinzeit – wenn man über längere Zeit seinem Essen hinterherjagen musste und es über längere Perioden nichts zu essen gab – wäre dieser Typ jedoch schneller verhungert.

ACHTE AUF DIE NÄHRSTOFFAUSWAHL

Wahrscheinlich hast du ein unkompliziertes Verhältnis zum Essen. Du kannst dich auch ohne Probleme zurückhalten, wenn es du es für richtig hältst (zum Beispiel am Büfett). Dann isst du ein paar Tage lang etwas weniger. Auch das fällt dir wohl nicht schwer. Es ist natürlich verführerisch, denn dein Körpergewicht steigt auch nicht gleich an, wenn du zu viel Süßigkeiten isst oder zuckerhaltige Säfte und Softdrinks gegen den Durst trinkst. Wenn du auf Dauer zugenommen hast, dann liegt das wahrscheinlich nicht allein an der Kalorienbilanz in Summe, sondern auch zu einem hohen Anteil an der falschen Auswahl deiner Nährstoffe. Denn pragmatisch wie du wahrscheinlich bist, erledigst du das Sattwerden auch gern mal schnell mit einem süßen Cookie am Nachmittag. Du mümmelst eventuell häufig ohne System, vertilgst vielleicht auch noch spät abends eine Tüte Kekse zum Wein. Einfach, weil's dir schmeckt.

Du kannst genetisch bedingt mehr essen, ohne dick zu werden. Den Spruch „Du bist ein schlechter Futterverwerter" hast du vielleicht schon das ein und andere Mal gehört oder gedacht: „Früher konnte ich essen, was ich wollte, und bin nicht dicker geworden." Kohlenhydrate, von denen andere Stoffwechseltypen zunehmen, kannst du figurfreundlicher verstoffwechseln und gelassener damit umgehen – allerdings solltest du grundsätzlich deine Kohlenhydratquellen optimieren, denn das ist der Hauptgrund, warum du über die Jahre ein paar Kilo zugenommen hast und diese sich so hartnäckig halten. Achte darauf, dass du gute Kohlenhydrate isst (Tipps findest du bei deinen Top-Supportern).

DEINE IDEAL-FORMEL
60–25–15

15 % Eiweiß

25 % Fett

60 % Kohlenhydrate

Das heißt: Für dich sollten 55–60 % der Kalorien aus Kohlenhydraten, 25–30 % aus Fett und 15–20 % aus Eiweiß bestehen.

DEINE TOP 3 DEUTSCHLANK-TIPPS

1 Iss regelmäßig und lass die Pausen zwischen den Mahlzeiten nicht zu groß werden – für dich sind mehrere kleine Mahlzeiten besser als drei große und Snacks deshalb sogar wichtig (siehe Seite 25).

2 Du brauchst keine Low-Carb-Diät, um abzunehmen – iss aber vor allem gesunde Carbs.

3 Achte darauf, dass du beim Abnehmen nicht zu wenig isst und deine Muskeln verlierst. Das gelingt dir, indem du auch auf gute Proteinquellen achtest (zum Beispiel Eier, Milchprodukte, Fleisch) und du dich mehr bewegst. Dafür musst du nicht gleich zum Leistungssportler werden. Versuche zum Beispiel, mehr zu Fuß zu gehen. Steig mal eine Station früher aus der Bahn oder erledige deine Einkäufe ohne Auto. Ideal, wenn du auf 10 000 Schritte pro Tag kommst.

DEINE DEUTSCHLANK-BEILAGEN

KARTOFFELN

isst du am besten einfach gekocht. Kartoffelpüree solltest du ohne Butter und Sahne zubereiten.

NUDELN

dürfen für dich in allen Sorten auf den Teller - allerdings sollten sie immer al dente zubereitet sein (aufgrund des niedrigeren glykämischen Index sättigt das besser).

REIS

passt in Form von Langkornreis, Risottoreis, Milchreis, Wildreis oder Sushireis zu dir. Du kannst ihn ganz normal nach Packungsangabe zubereiten.

GETREIDEFLOCKEN

Ob aus Hafer, Weizen, Dinkel oder Gerste - zu deinem Esstyp passen alle Arten von Getreideflocken.

GEMÜSE

Es ist erlaubt, was dir schmeckt.

 ### DEINE TOP-SUPPORTER

Achte bei der Auswahl deiner Lebensmittel auf einen niedrigen glykämischem Index. Den haben zum Beispiel die folgenden Lebensmittel, bei denen du beherzt zugreifen kannst:

1. Gemüse
2. Grobkörnige Vollkornprodukte
3. Bohnen
4. Linsen
5. Zitrusfrüchte
6. Äpfel
7. Beeren
8. Fettarme Milchprodukte
9. Haferkekse
10. Reis

DEINE OMEGA-3-FETTSÄUREN

Wir empfehlen dem Verbrenner Fischöl-Kapseln mit 300 bis 500 EPA/DHA Milligramm pro Tag. Am besten nimmst du Kapseln zu einer Hauptmahlzeit mittags oder abends.

DEINE ABENDMAHLZEIT

Die letzte Mahlzeit des Tages solltest du bis 20 Uhr eingenommen haben.

DEINE ESSPAUSEN

Mehr als drei Stunden solltest du nicht ohne Essen aushalten und dir zwischendurch einen Snack gönnen.

DEINE SNACKS

Gute Snacks sind für dich zum Beispiel:
Bananenjoghurt (aus 1 kleinen Banane, 100 g Joghurt [3,5 % Fett] und 1 TL Pinienkernen)
Möhren mit Dip (200 g Möhren, 50 g Sahnequark mit 1 EL Apfeldicksaft)
Knäcke mit Frischkäse (4 Scheiben Mehrkorn-Knäckebrot, 30 g Frischkäse und 1 TL Mandelblättchen)
25 g Käse (45 % Fett i. Tr) und **150 g Weintrauben**

DEINE DEUTSCHLANK-REZEPTE

Wähle die Variante „V" für „Verbrennertyp" mit kohlenhydratliberalen Gerichten. Das heißt, dass du mehr kohlenhydrathaltige Nahrung zu dir nehmen darfst als der Misch- und der Speichertyp, dafür aber aus besseren Quellen. Dadurch bist du danach prima satt und wirst dich nicht hungrig fühlen, während du abnimmst. Wenn du schneller Gewicht verlieren willst, stehen dir unsere Turbo-Rezepte (ab Seite 192) zur Verfügung.

DER SPEICHERTYP:
DER INSULIN-EFFIZIENTE

ALS GUTER FUTTERVERWERTER SOLLTEST DU ZUM ABNEHMEN LOW CARB MIT GESUNDEM FETT UND EIWEISS KOMBINIEREN.

Etwa 10 Prozent unserer Probanden erwiesen sich als Speichertypen. Diese Gruppe hat den höchsten Body-Mass-Index und isst mit 2800 bis 2900 Kilokalorien täglich auch am meisten. Tendenziell essen Speichertypen im Verhältnis weniger Eiweiß, als für sie wichtig wäre, damit der Blutzuckerspiegel konstant bleibt. Bei den Insulin-Effizienten sind die Blutzuckerwerte morgens höher als bei den anderen Typen, was mitunter ein erstes Zeichen für Typ-2-Diabetes sein kann. Für diese Gruppe gilt: Hat unser Check eine eindeutige Tendenz zum Speichertypen ergeben (also die meisten Neins mit einem Abstand von zwei oder mehr Neins zu den anderen Typen), sollte man sein Ernährungs- und Bewegungsverhalten dringend ändern.

Der Blutzuckerspiegel ist in dieser Gruppe am niedrigsten, aber auch instabilsten. Das heißt, dass die Blutzuckerwerte stark schwanken, was hungrig macht und zwangsläufig zu einer höheren Kalorienaufnahme führt. Deshalb ist es wichtig, sich an die Deutschlank-Empfehlungen zu halten. Dadurch bleibt der Blutzuckerspiegel konstant, Heißhunger wird vermieden und die Fettverbrennung bleibt hoch, beziehungsweise läuft auf einem höheren Niveau.

EINE EXTRAPORTION INSULIN

Die Reaktionen der Speichertypen deuten auf grundsätzlich überschießende Insulinausschüttungen bei der Mahlzeiteneinnahme hin. Das liegt in unseren Genen. Das Höhlenmensch-Erbe ist mit dem Bonus einer Extraportion Insulin verbunden, die dafür sorgt, dass Hunger, Nahrungsenergieaufnahme und -speicherung besonders ausgeprägt sind. Das erklärt die Zuschreibung von Insulin als das Hormon der Speicherung und ist in kargen Zeiten mit unregelmäßiger und unsicherer Nahrungsversorgung im wahrsten Sinne des Wortes lebenserhaltend.

KULINARISCHE VORZÜGE FÜR GUTE NAHRUNGSVERWERTER

In üppigen Zeiten ist die allgegenwärtige und uneingeschränkte Nahrungsverfügbarkeit dagegen eher dick- und krank machend. Doch auch dann kann diesem Sparsamkeitsstoffwechsel durch Umstellung der Ernährung und Lebensweise entgegengewirkt werden, sodass der gute Futterverwerter auch die kulinarischen Vorzüge der Neuzeit genießen kann – zum Beispiel mit unseren Rezepten in der Variante für den Speichertypen. Der Körper eines Speichertypen speichert ständig Nahrungsenergie – selbst bei kleinen Mahlzeiten und Getränken – und wandelt alles, was wir essen, besonders effizient in Energievorräte für Notzeiten um, also in Fettpolster. Ein Figur-Dilemma der Evolution.

Speichertypen sollten beim Obst wählerisch sein. Orangen, Beeren und Äpfel sind gut geeignet. Bei Äpfeln sollten sie die sauren Varianten bevorzugen und süßes Obst wie Bananen oder Weintrauben vermeiden. Am besten versorgen sie sich zu den Hauptmahlzeiten mit frischem Obst – zum Beispiel als Dessert. Zwischendurch ist es tabu.

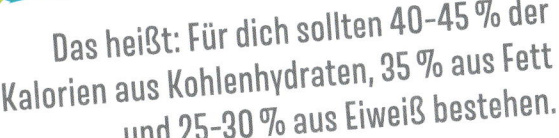

DEINE IDEAL-FORMEL

40-35-25

25 %
Eiweiß

40 %
Kohlenhydrate

35 %
Fett

Das heißt: Für dich sollten 40–45 % der Kalorien aus Kohlenhydraten, 35 % aus Fett und 25–30 % aus Eiweiß bestehen.

➡ DEINE TOP 3 DEUTSCHLANK-TIPPS

1 **Iss jeden Tag drei Hauptmahlzeiten.** Lass keine davon aus, auch wenn du mal keinen großen Hunger hast. Halte zwischen diesen Mahlzeiten unbedingt Esspausen ein. Zwischendurch bitte keine Snacks und achte auf deine Getränke. Meide Fruchtsäfte und süße Kaffeekreationen wie Latte macchiato oder Kaffee mit Sirup. Selbst ein Glas Apfelsaft treibt deinen Insulinspiegel in die Höhe. Trink möglichst kalorienfrei (Wasser, Tee, schwarzen Kaffee).

2 **Achte auf die Reihenfolge.** Dein Blutzuckerspiegel steigt weniger stark an, wenn du erst die Eiweißkomponenten (zum Beispiel Fisch oder Fleisch) und dann die kohlenhydrathaltigen Beilagen (zum Beispiel Kartoffeln) isst.

3 **Übertreibe nicht.** Auch wenn du auf Kohlenhydrate sensibel reagierst, solltest du sie nie ganz weglassen. Denn sie sind wichtig – unter anderem für die Serotoninbildung, die dafür sorgt, dass du bei Laune bleibst.

IDEALE BEILAGEN

für dich sind Knollensellerie, Möhren, Kürbis, Steckrüben, Pastinaken (so gekocht, dass sie noch Biss haben, denn das verbessert den glykämischen Index). Kartoffeln solltest du nach dem Kochen erkalten lassen und dann weiterverarbeiten oder mit Gemüse kombinieren.

PÜRIERTES

Steckrüben, Kürbis, Erbsen oder Kichererbsen passen, wenn du gern Püriertes isst. Soll es schnell gehen, kannst du Erbsenpüree auch mal als Fertigprodukt kaufen.

NUDELN

solltest du immer al dente zubereiten. Geeignet sind für dich Hartweizennudeln, Linsennudeln, Buchweizennudeln, Gemüsenudeln, Glasnudeln und Reisnudeln.

PFANNENGERICHTE

Bei Pfannengerichten lässt du deine Nudeln nach dem Kochen erst einmal kalt werden und verarbeitest sie erst danach weiter.

REIS

Beim Reis sind Basmati- oder Parboiled Reis für dich am besten. Oder du raspelst Gemüse (zum Beispiel Blumenkohl) auf Reiskorngröße.

HAFERFLOCKEN

sind besonders gut für dich. Sie enthalten reichlich Proteine, Vitamine, Ballast- und Mineralstoffe.

GEMÜSE

tut dir grundsätzlich gut. Ob Salat, Kohl, Tomaten, Gurken oder Paprika – hier ist alles erlaubt.

DEINE TOP-SUPPORTER

Für dich ist eine gute Versorgung mit basischen Lebensmitteln besonders wichtig. Dazu gehören zum Beispiel:

1. Gemüse
2. Wasserreiche Früchte
3. Avocado
4. Grüne Smoothies mit Gemüse (selbst gemacht)
5. Kräutertee/grüner Hafertee
6. Wasser
7. Ein Glas Wasser mit 1 TL Apfelessig
8. Mandeln/Mandelmus
9. Leinsamen
10. Frische Walnüsse (eine kleine Handvoll)

DEINE OMEGA-3-FETTSÄUREN

Wir empfehlen dem Speichertypen Fischöl-Kapseln mit 1000 bis 2000 EPA/DHA Milligramm pro Tag. Am besten nimmst du Kapseln zu einer Hauptmahlzeit mittags oder abends. Zusätzlich empfehlen wir dir morgens direkt nach dem Aufstehen einen Esslöffel Leinöl einzunehmen. Omega-3-Fettsäuren haben einen positiven Effekt auf die Fettverbrennung, indem sie die Insulinwirksamkeit verbessern, sodass insgesamt weniger Insulin benötigt wird – und je weniger Insulin, desto höher ist die Fettverbrennung und desto geringer der Hunger. Außerdem unterstützt das Leinöl die Verdauung und wirkt entzündungshemmend.

DEINE ABENDMAHLZEIT

Die letzte Mahlzeit des Tages solltest du bis spätestens 18 Uhr einnehmen.

DEINE ESSPAUSEN

Halte zwischen drei Mahlzeiten pro Tag mindestens vierstündige Esspausen ein. Neben den Hauptmahlzeiten darfst du dir auch einen Snack gönnen.

DEINE DEUTSCHLANK-REZEPTE

Wähle die Variante „S" für „Speichertyp" mit Low Carb, mehr Eiweiß und Fett. Du wirst einerseits von der Kalorienreduktion profitieren, andrerseits von der schlank machenden Kombination aus Low Carb, gutem Fett und Eiweiß.

8 DINGE, DIE DIR DEIN DEUTSCHLANK-PROGRAMM ERLEICHTERN

OB RICHTIG EINKAUFEN, DEN TO-GO-TREND MEIDEN, MEAL PREPPING ODER GUTEN SCHLAF ALS SCHLANKMACHER ENTDECKEN – HIER GIBT'S TIPPS, DIE DICH WEITERBRINGEN.

1. DICKMACHER DER MODERNE: STOPP DIE TO-GO-MENTALITÄT

Kaum jemand nimmt sich im Alltag heute noch genug Zeit zum Essen. Straff durchgetaktet, schlingen wir viel zu oft nebenbei mal schnell etwas herunter, um Zeit zu sparen. Dahinter steckt der Gedanke: „Ist doch kein Unterschied, ob ich meine Kalorien im Gehen oder im Sitzen verdrücke." Klar wird kein Gericht kalorienreicher, wenn du es nebenbei futterst. Die Nährstoffe bleiben gleich. Doch dein Verhalten ändert sich – und das macht dick. Also stopp die To-go-Mentalität. Iss nach der Devise: No to go. Denn wenn du dein Essen schnell und in schlecht gekauten Häppchen herunterschlingst, bemerkt das Gehirn keine Sättigungssignale aus dem Magen. Das Gehen lenkt vom Essen ab. Wenn du dich bewegst, fühlst du dich erst später satt und merkst schlechter, wie viel du bereits zu dir genommen hast. Du isst also mehr als nötig. Such dir für jede Mahlzeit ein ruhiges Plätzchen, an dem du ohne Ablenkung (auch kein Smartphone und kein Fernseher) essen kannst. Gewöhn dir an, langsam, bewusst und möglichst nur im Sitzen zu essen. Orientiere dich an der traditionellen französischen Küche. Dort gilt die Regel: Es wird zu den Mahlzeiten gern üppig gegessen, aber es gibt keine Snack-Kultur.

2. KAUF NICHT PLANLOS

Wie gehst du eigentlich einkaufen? Viele Leute mit Figurproblemen machen sich darüber keine großen Gedanken. Wenn der Kühlschrank Lücken aufweist, ziehen sie los, schlendern zwischen den Regalen entlang, greifen mal hier, mal da zu – ohne Plan. Damit ist jetzt Schluss. Denn Abnehmen beginnt schon beim Einkaufen. Leg ein paar Regeln fest, damit künftig nur noch das ins Haus kommt, was du auch wirklich essen willst. Das Wichtigste: Geh nicht hungrig einkaufen, denn dann diktiert dein Magen Schlimmes. Trink zwei Gläser oder eine kleine Flasche Wasser, bevor du startest. Mach dir das zur Gewohnheit. Überlege dir am Anfang der Woche, was in den nächsten Tagen auf den Tisch soll. Stell dir entsprechende Rezepte oder Alternativen dazu zusammen und schreibe eine passende Einkaufsliste. Wenn du dich an diese Liste hältst, musst du nicht mehr als ein- oder zweimal pro Woche Lebensmittel kaufen. Zahl bar statt mit Kreditkarten (dann kaufst du weniger, dafür aber vernünftiger und gesünder ein). Nimm einen Einkaufskorb statt des großen Gitterwagens. Kauf möglichst in der Nähe, damit du kein Auto brauchst. So reduzierst du automatisch die Menge.

3. MEAL PREPPING: MACH ES DIR LEICHTER

Jeden Tag in der Küche stehen und selbst kochen?
Muss nicht sein, wenn du die Kunst des Meal
Preppings beherrschst. Das ist nichts anderes als
Vorkochen. Du machst dir einmal eine größere
Menge entweder nur für den nächsten Tag oder
für alle Tage, an denen du nur noch entspannt
aufwärmen willst. Damit du dich nicht verzet-
telst, ist es sinnvoll, erst einmal mit drei oder vier
Mahlzeiten anzufangen. Das spart Zeit, Nerven
und unnötige Geschirrberge. Denn das große
Saubermachen fällt nur einmal an. Außerdem
kannst du genau portionieren. Besonders gut
lassen sich Suppen oder Eintöpfe vorkochen. Ob
du ein Gericht einfrieren oder ein paar Tage im
Kühlschrank lassen willst – in beiden Fällen gilt:
Schichte so, dass die Sauce oder das Dressing
ganz unten in der Lunchbox, im Topf oder in der
Tupperdose liegt, darüber kommen Lebensmittel, die nicht durchsuppen, ganz oben liegt Obst
oder Gemüse. Natürlich musst du nicht drei Tage
hintereinander Linsensuppe essen, nur weil du
sie vorgekocht und eingefroren hast. Achte auf
Abwechslung. Hol die Linsensuppe erst wieder
aus der Kälte, wenn du wieder Lust darauf hast.

4. MENSCH, BEWEG DICH!

Komm in Schwung, beweg dich, steh auf, lauf los!
Bestimmt hast du diese Tipps schon hundertmal
gehört. Du weißt, dass nichts besser für deine
Gesundheit und deine Figur ist, als regelmäßig in
Schwung zu kommen, bewegst dich aber trotzdem
deshalb nicht mehr. Weil dir (angeblich) die Zeit
dafür fehlt, weil dein innerer Schweinehund ein
Riesentier ist, das du einfach nicht in den Griff
kriegst. Vergiss die Ausreden. Nutze Deutschlank,
um dich aufzuraffen. Du musst ja nicht gleich
Marathon laufen. Steh zum Einstieg einfach öfter
mal auf, geh zu Fuß, mach Schritte (zähle die mit
einem Schrittzähler – bei 10 000 bist du super).
Motiviere dich mit ein paar Fakten: Wer seinen
Tag überwiegend sitzend verbringt, verdoppelt
sein Risiko für Krebs, Arthrose, Osteoporose,
Rückenschmerzen und Herzkrankheiten. Die
Wahrscheinlichkeit steigt, nicht nur dick, sondern
auch depressiv zu werden. Wissenschaftler haben
sogar hochgerechnet, dass jede bewegungslose
Stunde vorm Bildschirm dein Leben um 22 Minuten verkürzt. Also steh auf. Denk daran, dass du
keine schweißtreibenden Programme absolvieren
musst. Bereits ein bisschen Bewegung sorgt dafür,
dass sich dein Insulinbedarf verringert.

5. BEKÄMPFE DEN HEISSHUNGER

Er überfällt jeden mal: Der plötzliche Super-Hunger auf Süßes oder Fettiges oder beides zusammen. Schlägt der gefürchtete Heißhunger erst einmal zu, wird planlos reingeschaufelt, was da ist, während der Verstand einfach aussetzt. Danach meldet sich sofort das schlechte Gewissen. Wie konnte ich bloß! Keine Sorge, das ist so etwas wie ein Reflex, wenn wir zu wenig oder das Falsche essen. Zum Glück lässt sich etwas dagegen tun, indem wir vorbeugen.

Die erste Regel: Iss Gesundes und davon nicht zu wenig. Wenn du dich an den Deutschlank-Plan mit drei Mahlzeiten und eventuelle einem Snack pro Tag hältst, kann kaum etwas schiefgehen. Wichtig: Verwechsele Hunger nicht mit Durst, denn die körperlichen Symptome sind ähnlich. Wenn du zu wenig trinkst, sinkt das Blutvolumen. Du wirst müde und unkonzentriert und glaubst eventuell, dass es dir an Glukose mangelt. Also isst du Süßes, obwohl ein Glas Wasser die richtige Lösung wäre.

6. SCHLAF GUT: SCHLANK ÜBER NACHT

Unser Schlaf hat Auswirkungen aufs Gewicht, auch wenn wir nichts davon merken. In der Nacht erneuern sich die Zellen und reparieren Schäden. Der Hormonhaushalt spielt dabei eine große Rolle. Zahlreiche Studien belegen, dass zu wenig Schlaf Übergewicht fördert – und zwar nicht, weil wir nachts zu viel essen, sondern weil Regenerationsprozesse Energie brauchen. Die holt sich der Körper bei gutem Schlaf aus den Fettpolstern. Wer wenig schläft, bildet auch weniger Wachstumshormone, die wiederum für die Fettverbrennung verantwortlich sind. Wenig Schlaf führt also zu einer geringeren Fettverbrennung. Schläfst du schlecht, unregelmäßig oder zu wenig, senkt dein Organismus das Sättigungshormon Leptin und produziert gleichzeitig das Hormon Ghrelin, das genau das Gegenteil bewirkt: Es macht hungrig. Wird der Organismus gestört, kommt es zu Heißhunger. Achte deshalb darauf, dass du regelmäßig sechs bis acht Stunden schläfst. Nimm deine letzte Mahlzeit möglichst vier Stunden vor dem Ins-Bett-Gehen ein.

7. TÄUSCH DICH NICHT MIT FRUCHTSÄFTEN

Sie leuchten schön bunt aus den Regalen. Ob gelb oder orange – Fruchtsäfte sehen verführerisch aus. Wer auf seine Gesundheit achtet, greift deshalb gern zu. Man denkt, dass man sich etwas Gutes damit tut. Doch das täuscht. Für die schlanke Linie sind Vitamin- oder Fruchtsäfte, Soft- oder Wellnessdrinks nicht geeignet. Obwohl ihre Süße aus natürlichen Früchten kommt, gelten sie als Kalorienfalle. Denn der Zucker aus Früchten ist eine Mischform aus Fruktose, Glukose und Saccharose. Isolierte Fruktose hat sich als neuer Dickmacher erwiesen. Zu viel Fruktose wird in der Leber zu Fett verarbeitet. Die Umwandlung in Fett verläuft schneller als bei Glukose. Dazu kommt, dass Säfte nicht satt machen, sondern – im Gegenteil – sogar den Heißhunger fördern, weil sie den Blutzuckerspiegel erst in die Höhe schießen und dann schnell wieder sinken lassen. Also, lass die leuchtenden Flaschen lieber im Regal. Trink Wasser, um deinen Durst zu stillen, und iss Obst und Gemüse, um vitaminreich satt zu werden.

8. GÖNN DIR WAS: MACH MAL EINE CHEAT HOUR

Wahrscheinlich denkst du nicht zum ersten Mal darüber nach, was du dir alles verbieten möchtest, um künftig besser zu essen. Bestimmt ist dein absoluter Liebling dabei. Ist es der vor Fett triefende Big Mac mit einer Tiramisu als Dessert? Dann leg zweimal in der Woche eine Cheat Hour (Schummelstunde) ein, in der du dir das erlaubst. „Nanu, sollte ich mir genau das nicht abgewöhnen?", wirst du jetzt fragen. „Nein", sagen wir. Denn je strenger wir uns etwas verbieten, desto größer wird die Lust darauf. Allein der Gedanke an ein Lieblingsessen-Verbot führt dazu, dass du öfters daran denkst als sonst. Probier deshalb lieber die Cheat-Hour-Strategie. Das heißt: Zu einer Hauptmahlzeit isst du, worauf du den größten Jieper hast. Ob die Lust dadurch nachlässt oder du deine Schummelstunde ein zweites Mal in der Woche genießt, spielt keine große Rolle. Wichtig ist nur, dass du danach ins Deutschlank-Programm zurückkehrst und weitermachst wie vorher.

ANLEITUNG ZUM ABNEHMEN: SO GEHT DEUTSCHLANK

WICHTIG IST, DASS DU VOR ALLEM DAS ISST, WAS DEINEM TYP ENTSPRICHT. WENN DU DEN TEST AUF SEITE 16 GEMACHT HAST, WEISST DU, WAS GUT FÜR DICH IST.

Um unkompliziert abzunehmen, musst du dich an ein paar einfache Regeln halten. Kleine Veränderungen können große Wirkungen erzielen. Die Anpassung der Kohlenhydrate hat einen großen Einfluss auf die Insulinausschüttung. Wenn du die Regeln für deinen Typ beachtest, brauchst du keine Kalorien zu zählen. Der Abnehmerfolg stellt sich von allein ein.

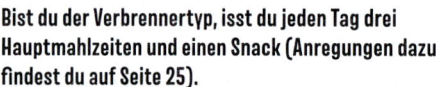

Bist du der Verbrennertyp, isst du jeden Tag drei Hauptmahlzeiten und einen Snack (Anregungen dazu findest du auf Seite 25).

Der Misch- und der Speichertyp nehmen nur die Hauptmahlzeiten Frühstück, Mittagessen und Abendessen zu sich und halten dazwischen Esspausen ein.

Wenn du nach Rezept isst, stellst du dir deinen Essplan nach deinem Typ und deinem persönlichen Geschmack zusammen. Du findest in unseren 100 Rezepten jeweils Anregungen für warme und kalte Mahlzeiten, die du mittags oder abends essen kannst, Ideen fürs Frühstück und sogenannte Turbo-Rezepte, die weniger Kalorien haben. Damit kannst du deinen Abnehmerfolg beschleunigen oder deine Energiebilanz korrigieren, wenn du zu anderen Mahlzeiten oder zwischendurch mal etwas mehr gegessen hast.

DEUTSCHLANK: EINE GESUNDE MISCHKOST MIT FRISCHEN ZUTATEN FÜR ALLE

Für alle drei Stoffwechseltypen gibt es eine gesunde Mischkost, die mit frischen Zutaten gekocht oder zubereitet wird. Zum größten Teil handelt es sich dabei um kalorienreduzierte Varianten klassischer Lieblingsgerichte, für die du alle Zutaten im Supermarkt findest. Da gibt es zum Beispiel Omas Linseneintopf mit Rosenkohl für die einen mit Kasseler und für die anderen mit Reis, für die einen mit Apfeldicksaft, für die anderen mit gerösteten Sonnenblumenkernen. Pro Portion musst du nicht mehr als fünf Euro ausgeben und nicht länger als 30 Minuten (bei manchen Rezepten plus Garzeit) in der Küche stehen. Praktisch im Alltag: Du musst dich nicht an einen festen Plan halten, an dem jeden Tag vorgeschrieben wird, was du essen sollst. Du wählst die Rezepte aus, auf die du Lust hast.

 **Ungewöhnlich für ein Kochbuch: Du findest keine detaillierten Kalorienangaben, sondern die jeweiligen Anteile in Energieprozenten für Kohlenhydrate, Fett und Eiweiß, die für Misch-, Verbrenner- und Speichertyp unterschiedlich sind. Diese bei den Rezepten jeweils in Prozent angegebenen Anteile sind gerundet.**

Kalorienzählen ist bei Deutschlank nicht wichtig, weil du dich darauf verlassen kannst, dass du abnimmst, wenn du dich an die vorgegebenen Mengen hältst. Jedes Rezept hat 500 bis 600 Kilokalorien, bei den Turbo-Gerichten sind es 300 bis 400. Ob warm oder kalt, ob Eintopf, Salat oder Schnitzel – du kannst die einzelnen Mahlzeiten nach Belieben tauschen. Die Bilanz wird immer stimmen. Dein Abnehmtempo bestimmst du selbst. Wenn es dir nicht schnell genug geht, gibst du Gas, indem du immer mal wieder ein oder maximal zwei Turbo-Rezepte statt der Hauptmahlzeiten in deinen Speiseplan einbaust. Dabei ist es wichtig, dass du bei drei Mahlzeiten bleibst, also keine auslässt und nicht hungerst.

Alle Rezepte sind für eine Person gemacht – mit Ausnahme der Rezepte, die mit diesem Button gekennzeichnet sind. Die kannst du wunderbar vorkochen und am nächsten Tag nur noch aufwärmen oder mit ins Büro nehmen.

1x HEUTE, 1x MORGEN

**WISSENSCHAFTLICH BELEGT:
DIE RICHTIGE KOMBINATION MACHT'S**

Im Rahmen unserer Studie stellten wir für alle Esstypen gleichermaßen fest: Die richtige Kombination ist für die Blutglukosewerte von großer Bedeutung. Zum Beispiel sorgen Haferflocken mit Apfel für niedrigere Blutglukosewerte als pure Haferflocken und sind damit figurfreundlicher. Das Gleiche gilt für Vollkornbrot mit Nusscreme. Das heißt jetzt nicht, dass man sich immer Nutella und Co. aufs Brot streichen sollte, spricht aber dafür, dass ein belegtes Brot oder Mischkost sich positiv auf den Blutzuckerspiegel auswirkt und man damit nicht so leicht unter Hunger leidet. Bei Weißbrot und Quark sehen die Werte anders aus: In der Kombination von Eiweiß, Kohlenhydraten und einem sehr geringem Fettanteil liegt der Blutzuckerspiegel bei allen Typen etwas höher als bei isolierten Kohlenhydraten. Das bedeutet, lieber nicht die magerste Quarkstufe nehmen, und beim Brotbelag darf ruhig auch ein kleiner Fettanteil dabei sein, damit es sich positiv auf die Blutzuckerregulation auswirkt.

DAS DEUTSCHLANK-BROT

Brot gehört zu den Lieblingen der Deutschen. Doch immer mehr Menschen haben Probleme damit – vor allem mit dem darin enthaltenen Gluten. Zwar leidet nur ein Prozent der deutschen Bevölkerung unter Zöliakie, einer Unverträglichkeit auf das Klebereiweiß Gluten, und zusätzliche 7 Prozent reagieren mit Bauchschmerzen, Blähungen oder Kopfweh auf Weizenprodukte. Doch verzichten 30 Prozent der Bevölkerung auf Weizenprodukte. Das Deutschlank-Brot ist besser verträglich als herkömmliches Brot und für jeden Ernährungstyp geeignet. Es besteht zu 100 Prozent aus den Urgetreide-Arten 2ab-Weizen und Tatarischer Buchweizen. Es ist an reich an Zink, das den Energiestoffwechsel unterstützt. Buchweizen senkt den Blutzuckerspiegel, was den Fettabbau fördert und deshalb eine individuelle Gewichtsreduktion erleichtert. Das Brot ist eine gute Basis für das Deutschlank-Ernährungsprogramm (**www.deutschlank-brot.de**).

Auflösung von Seite 17: Du bist der Verbrennertyp Du bist der Speichertyp ■ Du bist der Mischtyp

DEIN PERFEKTER START IN DEN TAG

FRÜHSTÜCK

MIT DEM RICHTIGEN FRÜHSTÜCK KANNST DU VIEL ERREICHEN UND DEINEN STOFFWECHSEL SCHON GLEICH AM MORGEN AUF DAS ABNEHMEN PROGRAMMIEREN.

Frühstück ist Pflicht: Dieser Satz galt lange als festgeschriebene Ernährungsregel, wird heute aber etwas lockerer gesehen. Du musst nicht pünktlich morgens um sieben am Frühstückstisch sitzen, wenn du so früh noch gar keinen Appetit hast. Oft ist es sogar sinnvoll, die erste Mahlzeit etwas später einzunehmen, weil du damit die nächtliche Fastenphase verlängern kannst. Wichtig ist, dass du nicht hungerst und in der Not am späten Vormittag heißhungrig tütenweise Kekse vertilgst. Hier findest du gesunde Anregungen für den frühen oder etwas späteren Vormittag, die deinem Gehirn und deinem Körper die beste Energie liefern.

Der Kickstarter am Morgen: einfach mal die Haferflocken zusätzlich in einer beschichteten Pfanne ohne Fett goldgelb anrösten. Durch das Rösten kann optimal Tyrosin bereitgestellt werden, eine Vorstufe für den Neurotransmitter Dopamin – unser Wachmacherhormon. Außerdem stabilisieren die Haferflocken den Blutzuckerspiegel.

BANANEN-BEEREN-SHAKE

MIT MANDELN UND HAFERFLOCKEN

½ große Banane
100 g gemischte TK-Beeren
25 g zarte Haferflocken
200 ml Milch (1,5 % Fett)
60–100 ml Mineralwasser
(nach Belieben mit oder ohne
Kohlensäure)
20 g Mandeln
1 EL Honig
75 g Magerquark

48 % KH, 4 % BST, 28 % F, 20 % EW

1 Die Banane schälen und das Fruchtfleisch klein schneiden.
2 Bananenstücke, TK-Beeren, Haferflocken (bis auf 1 TL für die Deko), Milch, 60 ml Mineralwasser, Mandeln, Honig und Quark im Mixer 30–60 Sek. (je nach Mixerleistung) fein pürieren.
3 Nach Belieben noch etwas Mineralwasser untermixen, bis der Shake die gewünschte Konsistenz hat. In ein Glas füllen, mit den übrigen Haferflocken garnieren und sofort genießen.

MIT MANDELN UND HAFERFLOCKEN

1 kleine Banane
100 g gemischte TK-Beeren
25 g zarte Haferflocken
¼ l Milch (1,5 % Fett)
15 g Mandeln
1 EL Honig
25 g Magerquark
evtl. etwas Mineralwasser

54 % KH, 4 % BST, 27 % F, 15 % EW

Zubereitung wie beim Mischtyp. Zuletzt den Shake mit etwas Mineralwasser verdünnen.

MIT MANDELN UND HAFERFLOCKEN

½ kleine Banane
125 g gemischte TK-Beeren
20 g zarte Haferflocken
¼ l Milch (1,5 % Fett)
25 g Mandeln
2 TL Honig
75 g Magerquark
evtl. etwas Mineralwasser

40 % KH, 4 % BST, 34 % F, 22 % EW

Zubereitung wie beim Mischtyp. Zuletzt den Shake mit etwas Mineralwasser verdünnen.

Tipp Für alle, die ganz früh morgens nichts essen mögen, ist dieser Shake der perfekte Energielieferant. Und wenn es ganz schnell gehen muss, kann man ihn auch unterwegs trinken.

FÜR DEN VERBRENNERTYP
GIBT ES WENIGER EIWEISS
AUS QUARK, FÜR DEN SPEICHER-
TYP WEGEN DER KOHLENHYDRATE
WENIGER BANANE.

BIRCHERMÜSLI

MIT QUARK UND APFELDICKSAFT

 M

50 g kernige Haferflocken
125 ml Milch (1,5 % Fett)
1 kleiner Apfel
2 EL Zitronensaft
1½ EL Apfeldicksaft
100 g Magerquark
20 g Mandeln

47 % KH, 3 % BST, 29 %F, 21 % EW

1 Am Vorabend die Haferflocken in einer Schüssel mit der Milch übergießen und zugedeckt über Nacht quellen lassen.
2 Am nächsten Morgen den Apfel waschen, trocken reiben und vierteln, das Kerngehäuse entfernen. Die Apfelviertel auf der Gemüsereibe grob raspeln. Die Raspel mit dem Zitronensaft beträufeln.
3 Die Apfelraspel und den Apfeldicksaft unter die eingeweichten Getreideflocken mischen. Den Quark unterrühren.
4 Die Mandeln grob hacken, in einer beschichteten Pfanne ohne Fett leicht anrösten und auf das Müsli streuen.

MIT QUARK UND APFELDICKSAFT

 V

60 g kernige Haferflocken
150 ml Milch (1,5 % Fett)
1 Apfel
2 EL Zitronensaft
1½ EL Apfeldicksaft
25 g Magerquark
15 g Mandeln

54 % KH, 3 % BST, 28 % F, 15 % EW

Zubereitung wie beim Mischtyp.

MIT QUARK UND APFELDICKSAFT

S

50 g kernige Haferflocken
100 ml Milch (3,5 % Fett)
½ kleiner Apfel
2 EL Zitronensaft
1 EL Apfeldicksaft
125 g Magerquark
20 g Mandeln

41 % KH, 3 % BST, 32 % F, 24 % EW

Zubereitung wie beim Mischtyp, jedoch zum Einweichen der Haferflocken noch 2–3 EL Wasser zusätzlich verwenden.

 Tipp Einweichen macht Sinn! Die Nährstoffe aus Hafer- und anderen Getreideflocken, die über Nacht quellen durften, können vom Körper leichter aufgenommen werden.

WENIGER HAFER-
FLOCKEN, APFEL
UND DICKSAFT
REDUZIEREN DEN
KOHLENHYDRAT-
ANTEIL FÜR DEN
SPEICHERTYP.

KOKOS-BIRNEN-MÜSLI

MIT ZIMTQUARK

40 g kernige Haferflocken
20 g Rosinen
10 g Kokosraspel
1 große Birne
2 EL Zitronensaft
150 g Speisequark
(20 % Fett i. Tr.)
25 ml Milch (1,5 % Fett)
2 TL flüssiger Honig
½ TL Zimtpulver

50 % KH, 4 % BST, 27 % F, 19 % EW

1 Die Haferflocken mit den Rosinen und den Kokosraspeln mischen.
2 Die Birne waschen, trocken reiben und vierteln, das Kerngehäuse entfernen. Die Birnenviertel in schmale Spalten oder kleine Würfel schneiden und mit dem Zitronensaft beträufeln.
3 Den Quark mit Milch, Honig und Zimtpulver in einer Schale glatt rühren. Die Flockenmischung darüberstreuen und die Birnenspalten darauf verteilen.

MIT ZIMTQUARK

40 g kernige Haferflocken
30 g Rosinen
10 g Kokosraspel
1 große Birne
2 EL Zitronensaft
125 g Speisequark (20 % Fett i. Tr.)
25 ml Milch (1,5 % Fett)
2 TL flüssiger Honig
½ TL Zimtpulver

55 % KH, 4 % BST, 24 % F, 17 % EW

Zubereitung wie beim Mischtyp.

MIT ZIMTQUARK

40 g kernige Haferflocken
20 g Rosinen
15 g Kokosraspel
1 kleine Birne
2 EL Zitronensaft
200 g Speisequark (20 % Fett i. Tr.)
50 ml Milch (1,5 % Fett)
½ TL Zimtpulver

37 % KH, 3 % BST, 36 % F, 24 % EW

Zubereitung wie beim Mischtyp.

DER VERBRENNERTYP GÖNNT SICH FÜR MEHR KOHLENHYDRATE EIN PAAR ROSINEN EXTRA.

KERNIGES FLOCKENMÜSLI

MIT HEIDELBEERJOGHURT

 M

15 g Sonnenblumenkerne
60 g kernige Haferflocken
2 TL Haferkleie
½ TL Zimtpulver
150 g Naturjoghurt (1,5 % Fett)
50 g Speisequark (20 % Fett i. Tr.)
2 TL flüssiger Honig
100 g Heidelbeeren

50 % KH, 4 % BST, 28 % F, 18 % EW

1 Die Sonnenblumenkerne in einer kleinen beschichteten Pfanne ohne Fett leicht anrösten und abkühlen lassen. Dann mit Haferflocken, Haferkleie und Zimtpulver mischen.
2 Den Joghurt mit dem Quark und dem Honig in einer Müslischale verrühren. Die Heidelbeeren verlesen, waschen, in einem Sieb gut abtropfen lassen und unter die Joghurtmischung heben oder daraufgeben. Die Flockenmischung darüberstreuen.

MIT HEIDELBEER-BANANEN-JOGHURT

 V

15 g Sonnenblumenkerne
60 g kernige Haferflocken
2 TL Haferkleie, ½ TL Zimtpulver
150 g Naturjoghurt (1,5 % Fett)
50 ml Milch (1,5 % Fett)
2 TL flüssiger Honig
100 g Heidelbeeren, 1 Banane

57 % KH, 5 % BST, 24 % F, 14 % EW

Zubereitung wie beim Mischtyp, jedoch mit Milch statt mit Quark und mit Banane. Den Joghurt mit der Milch verrühren. Die Banane schälen, in Scheiben schneiden und mit den Heidelbeeren unter die Joghurtmischung heben.

MIT HEIDELBEERJOGHURT

S

25 g Sonnenblumenkerne
50 g kernige Haferflocken
½ TL Zimtpulver
150 g Naturjoghurt (1,5 % Fett)
125 g Magerquark
2 TL flüssiger Honig
100 g Heidelbeeren

40 % KH, 4 % BST, 31 % F, 25 % EW

Zubereitung wie beim Mischtyp, jedoch ohne Haferkleie.

FÜR DEN VERBRENNERTYP GIBT ES HIER MEHR KOHLENHYDRATE, SPRICH: 1 BANANE ZUSÄTZLICH.

WARME HAFERCREME

MIT BEERENTOPPING UND ROSINEN

150 ml Milch (1,5 % Fett)
50 g kernige Haferflocken
2 TL Honig
15 g gemischte Nusskerne
100 g Himbeeren
50 g Heidelbeeren
15 g Rosinen
ca. ½ TL Zimtpulver
75 g körniger Frischkäse

48 % KH, 5 % BST, 29 % F, 18 % EW

1 Die Milch mit den Haferflocken und dem Honig in einem kleinen Topf unter Rühren zum Kochen bringen und alles 2 Min. köcheln lassen. Den Topf vom Herd nehmen und die Flocken 5–10 Min. quellen lassen.

2 Inzwischen die Nusskerne grob hacken und in einer kleinen beschichteten Pfanne anrösten, bis sie angenehm duften. Die Himbeeren und die Heidelbeeren verlesen, waschen, trocken tupfen und mit den Rosinen mischen.

3 Die Hafercreme mit Zimt abschmecken und in ein Schälchen oder einen tiefen Teller geben. Frischkäse, Beerenmischung und Nüsse darübergeben und noch warm genießen.

MIT BEERENTOPPING UND ROSINEN

150 ml Milch (1,5 % Fett)
50 g kernige Haferflocken
2 TL Honig
15 g gemischte Nusskerne
100 g Himbeeren
50 g Heidelbeeren
30 g Rosinen
ca. ½ TL Zimtpulver
50 g körniger Frischkäse

54 % KH, 4 % BST, 26 % F, 16 % EW

Zubereitung wie beim Mischtyp.

MIT BEERENTOPPING UND WEIZENKEIMEN

150 ml Milch (3,5 % Fett)
40 g kernige Haferflocken
2 TL Honig
10 g gemischte Nusskerne
100 g Himbeeren
50 g Heidelbeeren
ca. ½ TL Zimtpulver
150 g körniger Frischkäse
2 TL Weizenkeime (ca. 5 g)

38 % KH, 5 % BST, 33 % F, 24 % EW

Zubereitung wie beim Mischtyp, jedoch ohne Rosinen und mit Weizenkeimen. Diese zuletzt über die Hafercreme streuen.

UM KOHLENHYDRATE ZU SPAREN,
TAUSCHEN SPEICHERTYPEN ROSINEN
GEGEN WEIZENKEIME.

ORANGEN-MILCHREIS

MIT FRUCHTKOMPOTT UND WALNÜSSEN

1 kleine Bio-Orange
1 kleine Birne
50 g Brombeeren
125 ml Milch (3,5 %)
35 g Rundkornreis (Milchreis)
1 Prise Salz
2 TL Rohrohrzucker
125 g Speisequark
(20 % Fett i. Tr.)
10 g Walnusskerne

49 % KH, 3 % BST, 29 % F, 19 % EW

1 Die Orange heiß waschen und trocken reiben, die Schale fein abreiben und den Saft auspressen. Die Birne waschen, trocken reiben und vierteln, das Kerngehäuse entfernen. Die Birnenviertel quer in Scheiben schneiden. Die Brombeeren verlesen, waschen und in einem Sieb abtropfen lassen.
2 Birnen, Orangensaft und Brombeeren in einem Topf einmal aufkochen lassen. Den Topf vom Herd nehmen und die Fruchtmischung darin abkühlen lassen.
3 Inzwischen die Milch mit Orangenschale (nach Belieben zuvor etwas Orangenschale für die Deko beiseitestellen), Reis, Salz und Zucker in einem zweiten Topf zum Kochen bringen. Den Milchreis zugedeckt bei schwacher Hitze 30 Min. quellen lassen, dabei ab und zu umrühren.
4 Den Quark unter den Milchreis rühren. Den Orangen-Milchreis mit dem Kompott in einer Schale oder einem tiefen Teller anrichten. Die Walnusskerne hacken und darüberstreuen. Nach Belieben mit der beiseitegestellten Orangenschale garnieren.

MIT FRUCHTKOMPOTT UND WALNÜSSEN

1 kleine Bio-Orange, 1 Birne
75 g Brombeeren
125 ml Milch (1,5 % Fett)
40 g Rundkornreis (Milchreis)
1 Prise Salz
1 EL Rohrohrzucker
125 g Speisequark (20 % Fett i. Tr.)
10 g Walnusskerne

56 % KH, 3 % BST, 23 % F, 18 % EW

Zubereitung wie beim Mischtyp, jedoch während des Reiskochens noch etwa 2–3 EL Wasser unterrühren, damit die Mischung nicht zu kompakt wird.

MIT FRUCHTKOMPOTT UND WALNÜSSEN

1 kleine Bio-Orange
½ Birne
50 g Brombeeren
100 ml Milch (3,5 % Fett)
30 g Rundkornreis (Milchreis)
1 Prise Salz
200 g Speisequark (20 % Fett i. Tr.)
15 g Walnusskerne

38 % KH, 2 % BST, 36 % F, 24 % EW

Zubereitung wie beim Mischtyp, jedoch ohne Zucker.

WÄHREND DER VERBRENNERTYP MEHR FRÜCHTE UND DAMIT KOHLENHYDRATE IM SCHÄLCHEN HAT, GIBT'S FÜR DEN SPEICHERTYP MEHR EIWEISSREICHEN QUARK.

BUNTER OBSTSALAT

MIT FLOCKEN-NUSS-KROKANT

250 g gemischte Früchte (je nach Sorte geputzt oder geschält gewogen; z. B. Orange, Pink Grapefruit, Kiwi, Honigmelone, Erdbeeren oder Himbeeren)
1 EL Haselnusskerne
1 TL Butter
25 g kernige Haferflocken
30 g getrocknete Datteln (ohne Stein)
75 g Naturjoghurt (0,1 % Fett)
100 g körniger Frischkäse

48 % KH, 4 % BST, 30 % F, 18 % EW

1 Die Früchte je nach Sorte in mundgerechte Stücke schneiden bzw. Beeren ganz lassen.
2 Die Haselnüsse grob hacken. Die Butter in einer beschichteten Pfanne erhitzen und die Haselnüsse darin bei mittlerer Hitze goldbraun anrösten. Die Haferflocken dazugeben und ca. 2 Min. mit anrösten. Die Pfanne vom Herd nehmen.
3 Die Datteln in Streifen schneiden und mit den Früchten mischen. Den Joghurt mit dem Frischkäse verrühren.
4 Den Obstsalat in einem Schälchen anrichten und das Flocken-Nuss-Krokant daraufgeben. Die Joghurtmischung dazu reichen.

MIT FLOCKEN-NUSS-KROKANT UND HONIG

250 g gemischte Früchte (je nach Sorte geputzt oder geschält gewogen; z. B. Orange, Pink Grapefruit, Kiwi, Honigmelone, Erdbeeren oder Himbeeren)
1 EL Haselnusskerne
1 TL Butter
25 g kernige Haferflocken
30 g getrocknete Datteln (ohne Stein)
100 g Naturjoghurt (0,1 % Fett)
50 g körniger Frischkäse
2 TL Honig

55 % KH, 4 % BST, 27 % F, 14 % EW

Zubereitung wie beim Mischtyp, jedoch mit Honig. Den Honig mit der Joghurt-Frischkäse-Mischung verrühren oder zuletzt über die anderen Zutaten träufeln.

MIT FLOCKEN-NUSS-KROKANT UND WEIZENKEIMEN

250 g gemischte Früchte (je nach Sorte geputzt oder geschält gewogen; z. B. Orange, Pink Grapefruit, Kiwi, Honigmelone, Erdbeeren oder Himbeeren)
1 EL Haselnusskerne
1 TL Butter
25 g kernige Haferflocken
1 EL Weizenkeime
10 g getrocknete Datteln (ohne Stein)
25 g Naturjoghurt (0,1 % Fett)
150 g körniger Frischkäse

38 % KH, 4 % BST, 34 % F, 24 % EW

Zubereitung wie beim Mischtyp, jedoch mit Weizenkeimen. Die Weizenkeime nach dem Rösten unter die Nuss-Flocken-Mischung rühren.

VERBRENNERTYPEN
VERSÜSSEN SICH DIE
JOGHURT-FRISCHKÄSE-
MISCHUNG MIT HONIG.

KIWI-TRAUBEN-SALAT

MIT QUARKCREME UND MANDELN

15 g Mandelblättchen
30 g kernige Haferflocken
1 kleine Bio-Zitrone
2 EL Apfeldicksaft
150 g kernlose Weintrauben
(rote und blaue gemischt)
1 kleine Kiwi
150 g Speisequark
(20 % Fett i. Tr.)
2½ EL Milch (1,5 % Fett)

47 % KH, 3 % BST, 30 % F, 20 % EW

1 Die Mandeln und die Haferflocken zusammen in einer kleinen Pfanne ohne Fett goldgelb anrösten und abkühlen lassen. Die Zitrone heiß waschen und trocken reiben, etwas Schale fein abreiben und den Saft auspressen. Zitronensaft und -schale in einer Schüssel mit der Hälfte des Apfeldicksafts verquirlen.

2 Die Weintrauben waschen und von den Stielen zupfen, größere Trauben eventuell halbieren. Die Kiwi schälen und in mundgerechte Stücke schneiden. Trauben und Kiwi unter die Zitronensaftmischung mengen.

3 In einer zweiten Schüssel den restlichen Apfeldicksaft mit dem Quark und der Milch verrühren. Die Quarkmischung in einen tiefen Teller geben und den Traubensalat darauf anrichten. Die Mandelmischung darüberstreuen.

MIT QUARKCREME, MANDELN UND ROSINEN

15 g Mandelblättchen
30 g kernige Haferflocken
1 kleine Bio-Zitrone
2½ EL Apfeldicksaft
150 g kernlose Weintrauben
(rote und blaue gemischt), 1 kleine Kiwi
100 g Speisequark (20 % Fett i. Tr.)
2½ EL Milch (1,5 % Fett)
15 g Rosinen

55 % KH, 3 % BST, 26 % F, 16 % EW

Zubereitung wie beim Mischtyp, jedoch mit Rosinen. Diese zum Schluss auf den Traubensalat geben.

MIT QUARKCREME UND MANDELN

10 g Mandelblättchen
15 g kernige Haferflocken
1 kleine Bio-Zitrone
2 EL Apfeldicksaft
100 g kernlose Weintrauben
(rote und blaue gemischt)
1 Kiwi
250 g Speisequark (20 % Fett i. Tr.)
4 EL Milch (1,5 % Fett)

39 % KH, 2 % BST, 32 % F, 27 % EW

Zubereitung wie beim Mischtyp.

SPEICHERTYPEN SPAREN BEI DEN HAFERFLOCKEN UND BEKOMMEN DAFÜR MEHR MILCH UND QUARK.

KLEINE PFANNKUCHEN

MIT ROSINEN UND PFLAUMEN

 M

2 Eier (Größe S)
1 EL Rohrohrzucker
6 EL Milch (1,5 % Fett)
1 TL Rapsöl
4 EL Weizenmehl (Type 1050)
2 EL zarte Haferflocken
1 Prise Salz
15 g Rosinen
50 g Pflaumen
einige Tropfen Öl zum Braten
½ TL Zimtpulver
½ TL Puderzucker
50 g körniger Frischkäse

52 % KH, 2 % BST, 27 % F, 19 % EW

1 Die Eier trennen. Die Eiweiße zu steifem Schnee schlagen, dabei den Zucker einrieseln lassen. Die Eigelbe mit Milch, Öl, Mehl, Haferflocken und Salz in einer Schüssel glatt rühren. Die Rosinen unter den Teig ziehen und den Eischnee unterheben.
2 Die Pflaumen waschen, halbieren und entsteinen. Die Hälften in dünne Spalten schneiden.
3 Einige Tropfen Öl mit einem Pinsel in einer beschichteten Pfanne verteilen und erhitzen. Aus dem Teig und den Pflaumen nach und nach ca. 6 kleine, dicke Pfannkuchen backen. Dazu pro Pfannkuchen ca. 2 EL Teig in die Pfanne geben, mit einigen Pflaumenspalten belegen und auf beiden Seiten je ca. 3 Min. goldbraun backen. Fertige Pfannkuchen warm halten.
4 Zimt und Puderzucker mischen. Die Pfannkuchen mit dem Frischkäse auf einem Teller anrichten und mit dem Zimtzucker bestäuben.

MIT ROSINEN UND PFLAUMEN

 V

2 Eier (Größe S)
1 EL Rohrohrzucker
6 EL Milch (1,5 % Fett)
1 TL Rapsöl
4 EL Weizenmehl (Type 1050)
2 EL zarte Haferflocken
1 Prise Salz
25 g Rosinen
50 g Pflaumen
einige Tropfen Öl zum Braten
½ TL Zimtpulver
½ TL Puderzucker
25 g körniger Frischkäse

56 % KH, 2 % BST, 26 % F, 16 % EW

Zubereitung wie beim Mischtyp.

MIT ROSINEN UND PFLAUMEN

S

2 Eier (Größe S)
1 TL Rohrohrzucker
6 EL Milch (1,5 % Fett)
1 TL Rapsöl
2 ½ EL Weizenmehl (Type 1050)
3 EL zarte Haferflocken
1 Prise Salz
10 g Rosinen
50 g Pflaumen
einige Tropfen Öl zum Braten
½ TL Zimtpulver
½ TL Puderzucker
100 g körniger Frischkäse

41 % KH, 2 % BST, 32 % F, 25 % EW

Zubereitung wie beim Mischtyp.

WENIGER ZUCKER UND MEHL, DAFÜR MEHR FRISCHKÄSE: SO REDUZIEREN SPEICHERTYPEN GANZ EASY DIE KOHLENHYDRATE UND ERHÖHEN DEN EIWEISSANTEIL.

FRÜHSTÜCKSBRÖTCHEN

HERZHAFT UND SÜSS

2 Körnerbrötchen (à ca. 50 g)
2 TL Butter
1 Tomate
50 g Salatgurke
50 g fettarmer Käse
(in Scheiben)
30 g Konfitüre
(Sorte nach Belieben)

49 % KH, 3 % BST, 31 % F, 17 % EW

1 Die Brötchen quer halbieren und die Schnittflächen mit der Butter bestreichen. Die Tomate und die Gurke waschen und in dünne Scheiben schneiden, dabei aus der Tomate den Stielansatz herausschneiden.
2 Zwei Brötchenhälften mit Käse belegen und die Tomaten- und Gurkenscheiben darauf verteilen. Die beiden anderen Brötchenhälften mit der Konfitüre bestreichen.

HERZHAFT UND SÜSS

2 Körnerbrötchen (à ca. 50 g)
2 TL Butter
1 Tomate
50 g Salatgurke
25 g fettarmer Käse (in Scheiben)
30 g körniger Frischkäse
50 g Konfitüre (Sorte nach Belieben)

57 % KH, 3 % BST, 25 % F, 15 % EW

Zubereitung wie beim Mischtyp, jedoch 1 Brötchenhälfte mit Frischkäse bestreichen, statt mit 1 Scheibe Käse zu belegen.

HERZHAFT UND SÜSS

2 Körnerbrötchen (à ca. 50 g)
2 TL Butter
1 Tomate
50 g Salatgurke
50 g fettarmer Käse (in Scheiben)
100 g körniger Frischkäse
10 g Konfitüre (Sorte nach Belieben)

37 % KH, 3 % BST, 35 % F, 25 % EW

Zubereitung wie beim Mischtyp, jedoch 1 Brötchenhälfte mit Frischkäse statt mit Konfitüre bestreichen.

Tipp Körner- oder andere dunkle Brötchen am besten beim „echten Bäcker" oder „Bio-Bäcker" kaufen, dann ist die Wahrscheinlichkeit höher, ein „echtes" Vollkornbrötchen zu bekommen.

DER BELAG MACHT DEN UNTERSCHIED: SPEICHER-TYPEN GENIESSEN BRÖT-CHEN MIT MEHR KÄSE, VERBRENNERTYPEN DÜRFEN DAGEGEN BEI DER MARMELADE ZUGREIFEN.

TOMATEN-KÄSE-BROT

MIT GURKE UND BASILIKUM

 M

80 g Salatgurke
100 g Tomaten
10 Blätter Basilikum (und etwas
Basilikum zum Garnieren)
150 g körniger Frischkäse
1 EL Apfeldicksaft
Salz, Pfeffer
3 Scheiben Vollkornbrot (à 50 g)
2 TL Butter

50 % KH, 4 % BST, 25 % F, 21 % EW

1 Die Salatgurke nach Belieben waschen oder schälen, dann in dünne Scheiben oder Stifte schneiden. Die Tomaten waschen und in Scheiben schneiden, dabei die Stielansätze entfernen.
2 Die Basilikumblätter waschen, trocken tupfen und in feine Streifen schneiden. Die Basilikumstreifen mit dem Frischkäse und dem Apfeldicksaft verrühren. Die Frischkäsemasse mit Salz und Pfeffer abschmecken.
3 Die Brotscheiben mit der Butter bestreichen. Gurken, Tomaten und Frischkäse daraufgeben. Die Brote mit Basilikum garnieren.

MIT GURKE UND BASILIKUM

 V

80 g Salatgurke
120 g Tomaten
10 Blätter Basilikum (und etwas
Basilikum zum Garnieren)
100 g Magerquark
1½ EL Apfeldicksaft
Salz, Pfeffer
3 Scheiben Vollkornbrot (à 50 g)
3 TL Butter

54 % KH, 5 % BST, 23 % F, 18 % EW

Zubereitung wie beim Mischtyp, jedoch mit Magerquark statt körnigem Frischkäse.

MIT GURKE UND BASILIKUM

S

80 g Salatgurke
100 g Tomate
10 Blätter Basilikum (und etwas
Basilikum zum Garnieren)
200 g körniger Frischkäse (20 % Fett i. Tr.)
Salz
Pfeffer
2 Scheiben Graubrot (à 50 g)
3 TL Butter

40 % KH, 2 % BST, 33 % F, 25 % EW

Zubereitung wie beim Mischtyp, jedoch mit Graubrot statt Vollkornbrot.

MASSGESCHNEIDERT VARIIERT:
VERBRENNERTYPEN GEBEN
QUARK STATT FRISCHKÄSE
AUFS BROT.

GEMÜSEBROTE

MIT SPIEGELEIERN

 M

100 g Zucchini
140 g Maiskörner (aus der Dose)
2 Tomaten
1 TL Butter
Salz, Pfeffer
2 Eier
2 Scheiben Bauernbrot (à 50 g)

47 % KH, 3 % BST, 29 % F, 21 % EW

1 Die Zucchini putzen, waschen und schräg in 1 cm dicke Scheiben schneiden. Den Mais in einem Sieb abtropfen lassen. Die Tomaten waschen und in Spalten schneiden, dabei die Stielansätze entfernen.

2 Die Hälfte der Butter in einer beschichteten Pfanne aufschäumen lassen und die Zucchinischeiben darin bei mittlerer Hitze auf jeder Seite goldbraun braten. Mit Salz und Pfeffer würzen und aus der Pfanne nehmen.

3 Die übrige Butter in der Pfanne zerlassen. Den Mais hineingeben und erhitzen. Die Eier einzeln aufschlagen, in die Pfanne geben und zu Spiegeleiern braten.

4 Die Brotscheiben auf einen Teller legen und mit den Zucchinischeiben belegen. Die Spiegeleier daraufgeben und die Tomaten daneben anrichten. Mit etwas Salz und Pfeffer bestreuen.

MIT SPIEGELEI

V

150 g Zucchini
140 g Maiskörner (aus der Dose)
2 Tomaten
1 TL Butter
Salz, Pfeffer
1 Ei
2½ Scheiben Bauernbrot (ca. 125 g)

54 % KH, 4 % BST, 24 % F, 18 % EW

Zubereitung wie beim Mischtyp. Die zusätzliche ½ Brotscheibe in kleine Würfel schneiden und das Spiegelei und die Tomaten damit bestreuen.

MIT SPIEGELEIERN

S

100 g Zucchini
140 g Maiskörner (aus der Dose)
2 Tomaten
1 TL Butter
Salz, Pfeffer
3 Eier
1½ Scheiben Bauernbrot (ca. 75 g)

39 % KH, 3 % BST, 34 % F, 24 % EW

Zubereitung wie beim Mischtyp.

Tipp Wer die Spiegeleier lieber „sunny side down" mag, wendet die Spiegeleier und brät sie auch auf der anderen Seite. Oder das Ei verquirlen und ein kleines Gemüseomelett daraus zaubern.

MEHR GEMÜSE UND BROT VERSORGEN VERBRENNER-TYPEN MIT KOHLENHYDRATEN. SPEICHERTYPEN VERZICHTEN AUF ETWAS BROT, DÜRFEN SICH ABER 3 EIER GÖNNEN.

KRABBENRÜHREI

MIT BOHNENCREME UND PUMPERNICKEL

M

100 g Radieschen (mit Grün)
90 g weiße Bohnen (aus der
Dose; abgetropft)
Salz, Pfeffer
Paprikapulver (edelsüß)
2 Stiele Dill
2 Eier (Größe S)
2 TL Rapsöl
40 g Krabben (gegart und
geschält; oder Garnelen)
100 g Pumpernickel
(ca. 1½ Scheiben)
30 g Preiselbeeren
(aus dem Glas)

48 % KH, 5 % BST, 26 % F, 21 % EW

1 Die Radieschen waschen und trocken tupfen, das Grün abschneiden, die Radieschen fein hacken. Einige Radieschenblätter mit den weißen Bohnen in einem hohen Becher mit dem Stabmixer fein pürieren. Die Radieschen unterrühren und die Bohnencreme mit Salz, Pfeffer und Paprikapulver würzen.

2 Den Dill waschen und trocken schütteln. Die Spitzen abzupfen und einige für die Deko beiseitelegen. Restlichen Dill fein hacken und mit den Eiern verquirlen. Die Eiermasse mit Salz und Pfeffer würzen. Das Öl in einer Pfanne erhitzen, die Eiermasse hineingeben und kurz anstocken lassen, dann mit einem Teigschaber vorsichtig verrühren und weitergaren, bis die Eier fast gestockt sind. Die Krabben hinzufügen und das Rührei fertig garen.

3 Die Pumpernickelscheiben halbieren, auf einen Teller legen und mit der Bohnencreme bestreichen. Das Rührei daraufgeben und mit den beiseitegelegten Dillspitzen garnieren. Mit den Preiselbeeren garnieren.

MIT BOHNENCREME UND PUMPERNICKEL

V

100 g Radieschen (mit Grün)
90 g weiße Bohnen (aus der Dose; abgetropft)
Salz, Pfeffer
Paprikapulver (edelsüß)
3–4 Stiele Dill
1 Ei (Größe S)
1 EL Rapsöl
20 g Krabben (gegart und geschält; oder Garnelen)
100 g Pumpernickel (ca. 1½ Scheiben)
40 g Preiselbeeren (aus dem Glas)

54 % KH, 5 % BST, 25 % F, 16 % EW

Zubereitung wie beim Mischtyp.

MIT BOHNENCREME UND PUMPERNICKEL

S

50 g Radieschen (mit Grün)
90 g weiße Bohnen (aus der Dose; abgetropft)
Salz, Pfeffer
Paprikapulver (edelsüß)
1 Stiel Dill
2 Eier
1 EL Rapsöl
50 g Krabben (gegart und geschält; oder Garnelen)
1 Scheibe Pumpernickel (ca. 70 g)
25 g Preiselbeeren (aus dem Glas)

37 % KH, 3 % BST, 35 % F, 25 % EW

Zubereitung wie beim Mischtyp.

DER VERBRENNERTYP VERTRÄGT
EINE GRÖSSERE PORTION,
DER SPEICHERTYP TRITT KÜRZER
UND KOMPENSIERT
DAS MIT 1 EI ZUSÄTZLICH.

BAUERNFRÜHSTÜCK

MIT PAPRIKA

**250 g gegarte festkochende
Kartoffeln (vom Vortag;
ohne Schale)**
2 Zwiebeln
½ rote Paprikaschote
75 g Gewürzgurken
2 TL Rapsöl
2 Eier
Salz, Pfeffer
geräuchertes Paprikapulver
1 EL gehackte Petersilie

49 % KH, 3 % BST, 30 % F, 18 % EW

1. Die Kartoffeln in ca. ½ cm dicke Scheiben schneiden. Die Zwiebeln schälen, die Paprikaschote entkernen und waschen. Zwiebeln, Paprika und Gewürzgurken in feine Würfel schneiden.
2. Das Öl in einer beschichteten Pfanne erhitzen und die Zwiebeln darin andünsten. Kartoffeln und Paprika dazugeben und bei mittlerer Hitze ca. 5 Min. rundum goldbraun braten.
3. Die Eier in einem Schälchen mit etwas Salz und Pfeffer verquirlen. Erst die Gurkenstücke zu den Kartoffeln geben, dann die Eier darübergießen und bei schwacher Hitze stocken lassen. Mit Paprikapulver und Petersilie bestreuen.

MIT PAPRIKA UND VOLLKORNTOAST

**250 g gegarte festkochende Kartoffeln
(vom Vortag, ohne Schale)**
2 Zwiebeln
½ rote Paprikaschote
75 g Gewürzgurken
1 TL Rapsöl
2 Eier (Größe S), 50 ml Milch (1,5 % Fett)
Salz, Pfeffer
geräuchertes Paprikapulver
1 EL gehackte Petersilie
1½ Scheiben Vollkorntoastbrot

55 % KH, 3 % BST, 25 % F, 17 % EW

Zubereitung wie beim Mischtyp, jedoch mit Milch und Toastbrot. Die Milch mit den Eiern verquirlen. Das Brot nach Belieben toasten und dazu essen.

MIT PAPRIKA UND SCHINKEN

**200 g gegarte festkochende Kartoffeln
(vom Vortag, ohne Schale)**
2 Zwiebeln
½ rote Paprikaschote
50 g Gewürzgurken
einige Tropfen Rapsöl
3 Eier
Salz, Pfeffer
10 g roher Schinken (in kleinen Würfeln)
geräuchertes Paprikapulver
1 EL gehackte Petersilie

38 % KH, 2 % BST, 36 % F, 24 % EW

Zubereitung wie beim Mischtyp, jedoch mit Schinken. Den Schinken mit den Eiern in die Pfanne geben.

VERBRENNERTYPEN GÖNNEN SICH VOLLKORNTOAST DAZU, SPEICHERTYPEN ETWAS WENIGER KARTOFFELN, DAFÜR EIN PAAR SCHINKENWÜRFEL ZUSÄTZLICH.

ÖFTER MAL EIN SCHLANKES SCHNITTCHEN

KALTES

KALTE GERICHTE SIND SCHNELL GEMACHT, OFT SEHR PRAKTISCH FÜR UNTERWEGS UND KÖNNEN ENTWEDER MITTAGS ODER ABENDS AUF DEN TISCH. WICHTIG IST, DASS DU SIE ALS VOLLWERTIGE MAHLZEIT BETRACHTEST.

Im Job muss es immer schnell gehen, unterwegs gibt es keine Kochgelegenheit, und auch zu Hause fehlt häufig die Zeit für ein warmes Gericht. Das macht eigentlich nichts, denn du kannst auch kalt sehr gesund satt werden. Leider haben kalte Mahlzeiten ein schlechtes Image. „Das ist ja nichts Richtiges", sagen viele. Deshalb wird nebenbei mal eben alles verputzt, was da ist. Und oft noch mehr, weil das schnelle Essen das Gefühl hinterlässt, nicht richtig satt zu sein. Bremse dich selbst, wenn du das bei dir bemerkst. Nimm auch kalte Mahlzeiten in aller Ruhe ein. Iss langsam, ohne Ablenkung, und genieße jeden Bissen. Auf den nächsten Seiten findest du genug Anregungen für kalte Gerichte, die genau deinem Esstyp entsprechen.

Unsere Studie zeigte, dass jeder anders auf Brot reagiert. Selbst Weißbrot führt nicht zwangsläufig zu einem hohen Blutzuckerspiegel. Wir konnten in unseren Untersuchungen erkennen, dass die Kombination aus Brot und Eiweiß (z. B. beim Käsebrot) einen besseren Einfluss auf den Blutzuckerverlauf hat als pures Brot. Also auch im Restaurant nicht erst das Brot essen, sondern es mit etwas anderem kombinieren.

HÄHNCHEN-BRÖTCHEN

MIT BANANEN-PAPRIKA-PASTE

½ rote Paprikaschote
½ gelbe Paprikaschote
50 g Hähnchenbrustfilet
Salz, Pfeffer
2 TL Rapsöl
1 kleine Banane
50 g Ajvar (Paprikapaste)
40 g Doppelrahmfrischkäse
Paprikapulver (rosenscharf)
1 großes Vollkornbrötchen
(ca. 100 g)
4 Salatblätter (z. B. Kopfsalat)

48 % KH, 3 % BST, 30 % F, 19 % EW

1 Die Paprikaschoten entkernen, waschen und in feine Streifen schneiden. Das Hähnchenfleisch waschen, trocken tupfen, in dünne lange Streifen schneiden und mit Salz und Pfeffer würzen. Das Öl in einer beschichteten Pfanne erhitzen und die Paprika- mit den Hähnchenstreifen darin bei mittlerer Hitze 5 Min. unter Wenden braten.

2 Die Banane schälen und in einer Schüssel mit einer Gabel zer- drücken, Ajvar und Frischkäse unterrühren. Die Creme mit Paprikapulver, Salz und Pfeffer abschmecken und das halbierte Brötchen damit bestreichen.

3 Die Salatblätter waschen und sehr gut trocken schütteln. Die Brötchenunterseite mit der Hälfte der Salatblätter belegen, die Hähnchen- und Paprikastreifen darauflegen und mit den übri- gen Salatblättern bedecken. Den Brötchendeckel mit der bestri- chenen Seite nach unten darauflegen und leicht andrücken.

MIT BANANEN-PAPRIKA-PASTE

½ rote Paprikaschote
½ gelbe Paprikaschote
50 g Hähnchenbrustfilet
Salz, Pfeffer, 1 EL Rapsöl
1 Banane
50 g Ajvar (Paprikapaste)
30 g Speisequark (40 % Fett)
Paprikapulver (rosenscharf)
1 großes Vollkornbrötchen (ca. 100 g)
4 Salatblätter (z. B. Kopfsalat)

52 % KH, 4 % BST, 25 % F, 19 % EW

Zubereitung wie beim Mischtyp, jedoch mit Spei- sequark statt Frischkäse in der Bananenpaste.

MIT PAPRIKAPASTE

1 Paprikaschote (rot oder gelb)
1 kleine Möhre
90 g Hähnchenbrustfilet
Salz, Pfeffer
1 EL Rapsöl
50 g Ajvar (Paprikapaste)
60 g Speisequark (40 % Fett)
Paprikapulver (rosenscharf)
1 großes Vollkornbrötchen (ca. 100 g)
4 Salatblätter (z. B. Kopfsalat)

38 % KH, 4 % BST, 31 % F, 27 % EW

Zubereitung wie beim Mischtyp, jedoch mit Speisequark statt Frischkäse in der Paste und mit zusätzlicher Möhre. Die Möhre putzen, schälen, wie die Paprika in feine Streifen schneiden und zusammen mit Hähnchen und Paprika braten.

SPEICHERTYPEN ESSEN
WENIGER KOHLENHYDRAT-
REICHES BROT UND
MEHR EIWEISSREICHES
HÄHNCHENFLEISCH.

KÄSE-BIRNEN-DOPPELDECKER

TRIPLE MIT EMMENTALER

 M

1 kleine rote Paprikaschote
20 g Rucola
1 kleine feste Birne
1 EL Zitronensaft
Paprikapulver (edelsüß)
Pfeffer
2 dünne Scheiben Körnerbrot
(à ca. 30 g)
1 Scheibe Pumpernickel (75 g)
60 g Speisequark (20 % Fett)
30 g Emmentaler (ca. 45 % Fett
i. Tr.; in dünnen Scheiben)

49 % KH, 6 % BST, 24 % F, 21 % EW

1 Die Paprikaschote längs halbieren, entkernen und waschen. Die Hälften in sehr schmale Streifen schneiden und diese flach drücken. Den Rucola verlesen, waschen und gut trocken schütteln, grobe Stiele entfernen. Die Birne waschen, trocken reiben und vierteln, das Kerngehäuse entfernen. Die Birnenviertel längs in dünne Spalten schneiden, diese mit Zitronensaft beträufeln und mit Paprikapulver sowie Pfeffer würzen.

2 Die Körnerbrotscheiben und die Pumpernickelscheibe, falls nötig, auf gleiche Größe zuschneiden. Die Körnerbrotscheiben mit der Hälfte des Quarks bestreichen und mit Paprikastreifen, Rucola, Birnen und Käse belegen.

3 Die Pumpernickelscheibe dünn mit der Hälfte vom übrigen Quark bestreichen und mit der Quarkseite nach unten auf eine der belegten Körnerbrotscheiben legen. Die Pumpernickeloberseite mit dem übrigen Quark bestreichen. Das Ganze mit der bestrichenen Pumpernickelseite nach unten auf das zweite belegte Vollkornbrot legen und vorsichtig andrücken. Zuletzt den Doppeldecker halbieren.

TRIPLE MIT FRISCHKÄSECREME

V

1 kleine rote Paprikaschote, 20 g Rucola
1 kleine feste Birne, 1 EL Zitronensaft
Paprikapulver (edelsüß)
Pfeffer
2 dünne Scheiben Körnerbrot (à ca. 30 g)
1 Scheibe Pumpernickel
40 g Magerquark
40 g Doppelrahmfrischkäse mit Kräutern
1 EL Birnendicksaft

53 % KH, 6 % BST, 24 % F, 17 % EW

Zubereitung wie beim Mischtyp, jedoch ohne Emmentaler und mit Frischkäse sowie Birnendicksaft. Den Quark mit dem Frischkäse und dem Birnendicksaft verrühren und die Brotscheiben mit der Mischung bestreichen.

DOUBLE MIT EMMENTALER

S

1 kleine rote Paprikaschote, 20 g Rucola
1 kleine feste Birne, 1 EL Zitronensaft
Paprikapulver (edelsüß)
Pfeffer
1 dünne Scheibe Körnerbrot (ca. 30 g)
1 Scheibe Pumpernickel
60 g Speisequark (20 % Fett)
50 g Emmentaler (ca. 45 % Fett i. Tr.; in dünnen Scheiben)

40 % KH, 5 % BST, 32 % F, 23 % EW

Zubereitung wie beim Mischtyp, jedoch nur als einfache Stulle. Dafür die Zutaten zwischen die Vollkornbrot- und die Pumpernickelscheibe schichten.

BIRNENDICKSAFT SORGT BEI VERBRENNERTYPEN FÜR EIN PLUS AN KOHLEN- HYDRATEN. SPEICHERTYPEN BEKOMMEN WENIGER BROT UND SPAREN DAMIT KOHLENHYDRATE.

KÄSE-ERBSENCREME-BROT

MIT RADIESCHENSALAT UND KRESSE

125 g TK-Erbsen
Salz, Pfeffer
2 Scheiben Vollkornbrot
(à ca. 50 g)
40 g Bergkäse (in dünnen
Scheiben)
Paprikapulver (edelsüß)
200 g Radieschen
½ Kästchen Gartenkresse
1 EL Apfeldicksaft
2 EL Zitronensaft
1 TL Rapsöl

47 % KH, 6 % BST, 25 % F, 22 % EW

1 Die Erbsen in einem Topf mit wenig leicht gesalzenem Wasser zugedeckt bei mittlerer Hitze ca. 10 Min. köcheln lassen. Anschließend in ein Sieb abgießen und kurz abtropfen lassen. Die Erbsen in einem hohen Becher mit dem Stabmixer fein pürieren, die Creme mit Salz und Pfeffer abschmecken.

2 Brotscheiben mit der Erbsencreme bestreichen, die Käsescheiben darauf arrangieren und mit etwas Paprikapulver bestreuen.

3 Die Radieschen putzen, waschen und längs halbieren und in dünne Scheiben schneiden oder hobeln. Die Kresse vom Beet abschneiden, waschen und trocken tupfen. Die Radieschenscheiben mit Apfeldicksaft, Zitronensaft, Öl und Kresse vermischen und mit Salz und Pfeffer würzen. Die Käsebrote mit einem Teil der marinierten Radieschen belegen, den Rest dazu essen.

MIT RADIESCHENSALAT, APFEL UND KÜRBISKERNEN

125 g TK-Erbsen
Salz, Pfeffer
2 Scheiben Vollkornbrot (à ca. 50 g)
20 g Bergkäse (in dünnen Scheiben)
Paprikapulver (edelsüß)
200 g Radieschen
1 kleiner Apfel (ca. 100 g)
1 EL Apfeldicksaft
2 EL Zitronensaft
1 TL Kürbiskernöl
1 TL Kürbiskerne

53 % KH, 6 % BST, 24 % F, 17 % EW

Zubereitung wie beim Mischtyp, jedoch ohne Kresse und mit Apfel, Kürbiskernöl sowie Kürbiskernen. Den Apfel waschen, trocken reiben, vierteln, entkernen und in kleine Stücke schneiden. Die Apfelstücke mit den Radieschen mischen. Das Kürbiskernöl und die Kürbiskerne auf die mit Käse belegten Brote geben.

MIT RADIESCHENSALAT UND KÜRBISKERNEN

50 g TK-Erbsen
Salz, Pfeffer
50 g körniger Frischkäse (20 % Fett i. Tr.)
2 dünne Scheiben Vollkornbrot (à ca. 40 g)
40 g Bergkäse (in dünnen Scheiben)
Paprikapulver (edelsüß)
200 g Radieschen
1 EL Apfeldicksaft
2 EL Zitronensaft
1 TL Kürbiskernöl
1 TL Kürbiskerne

41 % KH, 3 % BST, 34 % F, 22 % EW

Zubereitung wie beim Mischtyp, jedoch ohne Kresse und mit Frischkäse in der Erbsencreme, Kürbiskernöl sowie Kürbiskernen. Den Frischkäse unter die pürierten Erbsen rühren. Das Kürbiskernöl und die Kürbiskerne auf die mit Käse belegten Brote geben.

SCHINKENTELLER

MIT APRIKOSEN

1 rote Paprikaschote
150 g Aprikosen (ersatzweise
andere Früchte)
120 g Silberzwiebeln
(aus dem Glas)
120 g Gewürzgurken
20 g Kapern
3–4 Salatblätter (z. B. Kopfsalat)
70 g magerer roher Schinken
(in dünnen Scheiben)
Salz (z. B. Flakes; nach Belieben)
grober Pfeffer (nach Belieben)
2 Scheiben Körnerbrot (à 50 g)

45 % KH, 5 % BST, 27 % F, 23 % EW

1 Die Paprikaschote längs halbieren, entkernen, waschen und in dünne Streifen schneiden. Die Aprikosen waschen und vierteln, dabei entsteinen.
2 Silberzwiebeln, Gewürzgurken und Kapern evtl. etwas trocken tupfen, die Gurken nach Belieben etwas kleiner schneiden. Die Salatblätter waschen, gut trocken schütteln und eventuell etwas kleiner zupfen.
3 Den Schinken mit den vorbereiteten Zutaten auf einem Brett oder Teller anrichten. Nach Belieben mit Salz und Pfeffer bestreuen und das Brot dazu essen.

MIT WALNUSS-APRIKOSEN

1 rote Paprikaschote
150 g Aprikosen (ersatzweise andere Früchte)
1 EL Walnusskerne, 1 EL Honig
120 g Silberzwiebeln (aus dem Glas)
120 g Gewürzgurken, 20 g Kapern
3–4 Salatblätter (z. B. Kopfsalat)
20 g magerer roher Schinken (in dünnen
Scheiben)
Salz (z. B. Flakes; nach Belieben)
grober Pfeffer (nach Belieben)
2 Scheiben Körnerbrot (à 50 g)

56 % KH, 6 % BST, 23 % F, 15 % EW

Zubereitung wie beim Mischtyp, jedoch mit Walnüssen und Honig. Die Walnüsse hacken und zusammen mit dem Honig unter die Aprikosen mischen.

MIT APRIKOSEN

1 rote Paprikaschote
150 g Aprikosen (ersatzweise andere Früchte)
120 g Silberzwiebeln (aus dem Glas)
120 g Gewürzgurken
20 g Kapern
3–4 Salatblätter (z. B. Kopfsalat)
90 g magerer roher Schinken (in dünnen
Scheiben)
Salz (z. B. Flakes; nach Belieben)
grober Pfeffer (nach Belieben)
2 dünne Scheiben Körnerbrot (à 25 g)

37 % KH, 3 % BST, 34 % F, 26 % EW

Zubereitung wie beim Mischtyp.

VIEL BROT UND WENIG SCHINKEN MUNDEN DEM
VERBRENNERTYP. DER SPEICHERTYP BEKOMMT GENAU
DAS GEGENTEIL: VIEL SCHINKEN UND WENIGER BROT.

BROTZEITSTULLEN

MIT KOHLRABI UND CORNED BEEF

 M

2 dicke Scheiben Vollkornbrot
(à ca. 80 g)
40 g Doppelrahmfrischkäse mit
Kräutern
Salz, Pfeffer
1 kleiner Kohlrabi (mit Grün)
50 g Corned Beef (in dünnen
Scheiben)
1 Gewürzgurke
1 kleine feste Tomate

47 % KH, 5 % BST, 27 % F, 21 % EW

1 Die Brotscheiben mit dem Frischkäse bestreichen und mit etwas
Salz und Pfeffer bestreuen.

2 Den Kohlrabi waschen, das zarte Grün abzupfen und grob hacken. Die Knolle schälen und in dünne Scheiben schneiden oder
hobeln. Zuerst die Kohlrabischeiben, dann das Corned Beef auf
die Brote legen.

3 Die Gewürzgurke in dünne Scheiben oder Streifen schneiden.
Die Tomate waschen, vom Stielansatz befreien und in Spalten
oder Scheiben schneiden. Die Brote zusammen mit der Gewürzgurke und den Tomatenscheiben auf einem Teller anrichten.

MIT KOHLRABI UND BIRNE

V

2 dicke Scheiben Vollkornbrot (à ca. 80 g)
40 g Doppelrahmfrischkäse mit Kräutern
Salz, Pfeffer
1 kleiner Kohlrabi (mit Grün)
1 feste Birne, 2 EL Zitronensaft
geräuchertes Paprikapulver
1 Gewürzgurke, 1 kleine feste Tomate

58 % KH, 6 % BST, 23 % F, 13 % EW

Zubereitung wie beim Mischtyp, jedoch ohne
Corned Beef und mit Birne, Zitronensaft und
geräuchertem Paprikapulver. Die Birne waschen,
trocken reiben, vierteln und entkernen. Die Viertel
in dünne Spalten schneiden, diese mit Zitronensaft beträufeln und mit geräuchertem Paprikapulver würzen. Die Birnenspalten statt des Corned
Beefs auf die mit Kohlrabischeiben belegten Brote
geben.

MIT KOHLRABI UND CORNED BEEF

S

2 dünne Scheiben Vollkornbrot (à ca. 50 g)
40 g Doppelrahmfrischkäse mit Kräutern
Salz, Pfeffer
1 kleiner Kohlrabi (mit Grün; ca. 150 g)
80 g Corned Beef (in dünnen Scheiben)
1 Gewürzgurke
1 kleine feste Tomate

38 % KH, 2 % BST, 34 % F, 26 % EW

Zubereitung wie beim Mischtyp.

 Tipp Für noch mehr Pep unter dem Kohlrabi- bzw. Corned-Beef-Belag sorgt Meerrettichfrischkäse oder
Frischkäse mit rosa und schwarzem Pfeffer statt Kräuterfrischkäse.

MIT BROT OHNE WURST
NIMMT DER VERBREN-
NERTYP VORLIEB UND
ERSETZT DAS CORNED BEEF
DURCH KOHLEN-
HYDRATREICHE BIRNE.
SPEICHERTYPEN NEHMEN
DÜNNERE BROTSCHEIBEN
UND BELEGEN DIESE MIT
MEHR CORNED BEEF.

ROHKOSTBROTE

MIT PUTENBRUST

1 EL Sonnenblumenkerne
125 g Petersilienwurzeln
125 g Möhren
½ Bund Petersilie
2 EL Zitronensaft, 1 TL Honig
1 EL Rosinen, Salz, Pfeffer
2 kleine Scheiben Körnerbrot
(à ca. 40 g)
30 g Doppelrahmfrischkäse
50 g geräucherte Putenbrust
(in dünnen Scheiben)

46 % KH, 6 % BST, 28 % F, 20 % EW

1 Die Sonnenblumenkerne in einer kleinen Pfanne goldbraun anrösten und abkühlen lassen.
2 Die Petersilienwurzeln und die Möhren putzen, schälen und in sehr kleine Würfel schneiden oder auf der Gemüsereibe grob raspeln. Die Petersilie waschen und trocken tupfen, die Blätter abzupfen und grob hacken.
3 Petersilienwurzeln, Möhren und Petersilie mit Sonnenblumenkernen, Zitronensaft, Honig und Rosinen mischen. Die Rohkost mit Salz und Pfeffer abschmecken.
4 Die Brotscheiben mit dem Frischkäse bestreichen und die Rohkost darauf verteilen. Dann mit der Putenbrust garnieren.

MIT APFEL

1 EL Sonnenblumenkerne
125 g Petersilienwurzeln
125 g Möhren, ½ Bund Petersilie
2 EL Zitronensaft, 2 TL Honig
1 EL Rosinen, Salz, Pfeffer
20 g Doppelrahmfrischkäse
20 g körniger Frischkäse
2 kleine Scheiben Körnerbrot (à ca. 40 g)
1 kleiner Apfel

55 % KH, 6 % BST, 25 % F, 14 % EW

Zubereitung wie beim Mischtyp, jedoch ohne Putenbrust und mit Apfel sowie zwei verschiedenen Frischkäsesorten. Den Frischkäse mit dem körnigen Frischkäse verrühren, die Brote mit der Mischung bestreichen. Den Apfel waschen, trocken reiben, vierteln und entkernen. Die Apfelviertel in dünne Spalten schneiden und diese statt der Putenbrust auf die Brote geben.

MIT PUTENBRUST

1 EL Sonnenblumenkerne
100 g Petersilienwurzeln
100 g Möhren, ½ Bund Petersilie
2 EL Zitronensaft
Salz, Pfeffer
40 g Doppelrahmfrischkäse
2 kleine Scheiben Vollkornbrot (à ca. 40 g)
100 g geräucherte Putenbrust (in dünnen Scheiben)

35 % KH, 5 % BST, 34 % F, 26 % EW

Zubereitung wie beim Mischtyp, jedoch ohne Honig und Rosinen.

GERASPELTER APFEL IN DER ROHKOST VERSÜSST DEM
VERBRENNERTYP DAS LEBEN. DER SPEICHERTYP NIMMT
WENIGER GEMÜSE, DAFÜR ETWAS FRISCHKÄSE UND
MEHR PUTENBRUST.

FITTE SCHNITTE

MIT MAIS UND PAPRIKA

 M

50 g Kräuterfrischkäse mit
Joghurt (14 % Fett i. Tr.)
25 g körniger Frischkäse
1 EL Olivenöl
2 Scheiben Körnerbrot
(à ca. 50 g), Salz, Pfeffer
Paprikapulver (nach Belieben
geräuchert oder edelsüß)
1 kleine Dose Maiskörner
(140 g Abtropfgewicht)
1 kleine grüne Paprikaschote
1 Frühlingszwiebel
75 g Radieschen (mit Grün)

51 % KH, 5 % BST, 25 % F, 18 % EW

1 Beide Frischkäsesorten mit dem Olivenöl verrühren und die Brotscheiben damit jeweils auf einer Seite bestreichen. Mit Salz, Pfeffer und Paprikapulver bestreuen.
2 Den Mais in einem Sieb gut abtropfen lassen. Die Paprikaschote längs halbieren, entkernen, waschen, trocken tupfen und in kleine Würfel schneiden. Die Frühlingszwiebel putzen, waschen und ebenfalls in kleine Würfel schneiden. Beides vermischen, die Mischung mit Salz, Pfeffer und Paprikapulver würzen. Die Radieschen putzen und waschen, dabei das Grün abschneiden und beiseitelegen. Die Radieschen in kleine Würfel schneiden.
3 Die Brotscheiben jeweils zu einem Drittel mit Mais, Paprika-Frühlingszwiebel-Mischung und Radieschenwürfeln belegen. Nach Belieben nochmals mit Salz, Pfeffer und Paprikapulver würzen. Mit einigen zarten Radieschenblättern garnieren.

MIT MAIS, PAPRIKA UND MANDELN

 V

20 g Kräuterfrischkäse mit Joghurt (14 % Fett i. Tr.)
20 g körniger Frischkäse
1 TL Olivenöl
2 TL Honig
2 Scheiben Vollkornbrot (à ca. 50 g)
Salz, Pfeffer, Paprikapulver (nach Belieben
geräuchert oder edelsüß)
1 kleine Dose Maiskörner (140 g Abtropfgewicht)
1 kleine grüne Paprikaschote, 1 Frühlingszwiebel
75 g Radieschen (mit Grün), 1 EL Mandelstifte

55 % KH, 6 % BST, 23 % F, 16 % EW

Zubereitung wie beim Mischtyp, jedoch mit Honig und Mandelstiften. Den Honig mit den beiden Frischkäsesorten verrühren. Die Mandelstifte in einer Pfanne ohne Fett anrösten, abkühlen lassen und zum Schluss auf die Brote streuen.

MIT HARZER UND PAPRIKA

S

50 g Kräuterfrischkäse (30 % Fett i. Tr.)
25 g körniger Frischkäse
1 EL Olivenöl
2 Scheiben Vollkornbrot (à ca. 50 g)
Salz, Pfeffer
Paprikapulver (nach Belieben geräuchert oder
edelsüß)
50 g Harzer Käse, 1 kleine Zwiebel
1 kleine grüne Paprikaschote, 1 Frühlingszwiebel
75 g Radieschen (mit Grün)

39 % KH, 5 % BST, 28 % F, 28 % EW

Zubereitung wie beim Mischtyp, jedoch ohne Mais und mit Harzer sowie Zwiebeln. Den Harzer in kleine Würfel schneiden. Die Zwiebel schälen, klein würfeln und mit dem Harzer mischen. Die Harzer-Zwiebel-Mischung statt der Maiskörner auf jeweils ein Drittel der Brotscheiben geben.

EIWEISSREICHER UND
FETTARMER HARZER
STATT MAIS IST DIE
IDEALE KOMBINATION
FÜR SPEICHERTYPEN.

FITNESSBROTE

MIT HONIG-SENF-EIER-CREME

 M

1 Ei
1 EL Mandelstifte
50 g Frischkäse mit Joghurt
(ca. 14 % Fett)
2 EL Honig
1 TL scharfer Senf
1 EL Leinsamen
Salz, Pfeffer
2 Scheiben Körnerbrot
(à ca. 50 g)
1–2 Salatblätter (z. B. Kopfsalat)
½ Kästchen Gartenkresse

46 % KH, 3 % BST, 30 % F, 21 % EW

1 Das Ei in kochendem Wasser 10 Min. hart garen. Inzwischen die Mandeln in einer Pfanne ohne Fett anrösten und abkühlen lassen. Das Ei kalt abschrecken, pellen und halbieren. Das Eigelb herauslösen.

2 Das Eigelb mit dem Frischkäse cremig rühren. Das Eiweiß in kleine Würfel schneiden und unter die Eigelbmasse rühren, dann Honig, Senf und Leinsamen untermengen. Die Eiercreme mit Salz und Pfeffer abschmecken und die Brotscheiben damit bestreichen.

3 Die Salatblätter waschen, trocken schütteln und etwas kleiner zupfen. Die Kresse vom Bett schneiden, waschen und trocken tupfen. Beides auf 1 Brotscheibe geben und mit den Mandeln bestreuen. Die zweite Brotscheibe mit der Creme nach unten darauflegen und leicht andrücken.

MIT HONIG-SENF-ROSINEN-CREME

V

1 EL Mandelstifte
75 g Frischkäse mit Joghurt (ca. 14 % Fett)
2 EL Rosinen
2 EL Honig
1 TL scharfer Senf
1 EL Leinsamen
Salz, Pfeffer
2 Scheiben Körnerbrot (à ca. 50 g)
1–2 Salatblätter (z. B. Kopfsalat)
½ Kästchen Gartenkresse

55 % KH, 4 % BST, 23 % F, 18 % EW

Zubereitung wie beim Mischtyp, jedoch ohne Ei und mit Rosinen. Die Rosinen mit Honig, Senf und Leinsamen unter den Frischkäse rühren.

MIT SENF-ROSINEN-EIER-CREME

S

2 Eier
1 TL Mandelstifte
50 g Frischkäse mit Joghurt (ca. 14 % Fett)
1 EL Rosinen
1–2 TL scharfer Senf
1 EL Leinsamen
Salz, Pfeffer
2 Scheiben Körnerbrot (à ca. 50 g)
1–2 Salatblätter (z. B. Kopfsalat)
½ Kästchen Gartenkresse

38 % KH, 3 % BST, 34 % F, 25 % EW

Zubereitung wie beim Mischtyp, jedoch ohne Honig und mit Rosinen. Die Rosinen mit Senf und Leinsamen unter die Eiermasse rühren.

CLEVERES TAUSCHGESCHÄFT: VERBRENNER VERZICHTEN ZUGUNSTEN KOHLENHYDRATREICHER ROSINEN AUF DAS EIWEISS- UND FETTREICHE EI.

GURKENCREME-STULLEN

MIT RÄUCHERLACHS

 M

1 gehäufter EL Mandelblättchen
100 g Salatgurke
1 TL Senf
50 g Speisequark (20 % Fett)
1 EL Honig
½ Bund Dill
Salz, Pfeffer
2 Scheiben Körnerbrot
(à ca. 50 g)
2–3 Salatblätter (z. B. Kopfsalat)
100 g Gewürzgurken
30 g Räucherlachs (in dünnen
Scheiben)

47 % KH, 5 % BST, 28 % F, 20 % EW

1 Die Mandelblättchen in einer Pfanne ohne Fett goldgelb anrösten und abkühlen lassen.
2 Die Salatgurke schälen und auf der Gemüsereibe grob raspeln. Die Gurkenraspel mit den Händen ausdrücken, damit die Creme nicht zu feucht wird, dann mit Senf, Quark und Honig verrühren. Den Dill waschen und trocken schütteln. Die Spitzen abzupfen, fein hacken und unter die Creme rühren. Die Gurkencreme mit Salz und Pfeffer abschmecken.
3 Die Brotscheiben mit der Gurkencreme bestreichen. Die Salatblätter waschen, gut trocken tupfen, etwas kleiner rupfen und auf 1 Brotscheibe legen. Die Gewürzgurke in dünne Scheiben schneiden und mit dem Lachs und den Mandelblättchen auf den Salat geben. Die zweite Brotscheibe mit der Creme nach unten darauflegen.

MIT APFEL

V

1 gehäufter EL Mandelblättchen
100 g Salatgurke
1 TL Senf
50 g Speisequark (20 % Fett)
1 TL Honig
½ Bund Dill
Salz, Pfeffer
2 Scheiben Körnerbrot (à ca. 50 g)
2–3 Salatblätter (z. B. Kopfsalat)
100 g Gewürzgurken
1 Apfel, 2 EL Zitronensaft

59 % KH, 4 % BST, 22 % F, 15 % EW

Zubereitung wie beim Mischtyp, jedoch ohne Lachs und mit Apfel. Den Apfel waschen, trocken reiben, vierteln und entkernen. Die Viertel in dünne Spalten schneiden und anstelle des Lachses mit den Gewürzgurkenscheiben und den Mandelblättchen auf die Brote legen.

MIT RÄUCHERLACHS

S

1 gehäufter EL Mandelblättchen
100 g Salatgurke
1 TL Senf
50 g Speisequark (20 % Fett)
1 TL Honig
½ Bund Dill
Salz, Pfeffer
2 dünne Scheiben Körnerbrot (à ca. 40 g)
2–3 Salatblätter (z. B. Kopfsalat)
100 g Gewürzgurken
60 g Räucherlachs (in dünnen Scheiben)

41 % KH, 3 % BST, 32 % F, 24 % EW

Zubereitung wie beim Mischtyp.

VERBRENNERTYPEN
BELEGEN IHRE STULLEN
MIT APFEL STATT LACHS.

FRISCHKÄSE-SCHNITTCHEN

MIT KOHLRABI UND SCHINKEN

 M

4 Zweige Basilikum oder glatte
Petersilie
70 g Frischkäse (30 % Fett i. Tr.)
40 g Speisequark (40 % Fett)
2 EL Rübenkraut
Salz, Pfeffer
Cayennepfeffer
1 Kohlrabi
etwas Rucola
2 Scheiben Körnerbrot
(à ca. 60 g)
20 g magerer roher Schinken
(in dünnen Scheiben)

50 % KH, 5 % BST, 23 % F, 22 % EW

1 Das Basilikum oder die Petersilie waschen und trocken schütteln. Die Blätter abzupfen, fein hacken und mit Frischkäse,
Quark und Rübenkraut verrühren. Die Creme mit Salz, Pfeffer
und Cayennepfeffer süß-pikant abschmecken.

2 Den Kohlrabi putzen, schälen und in dünne Scheiben oder
Streifen schneiden oder hobeln. Den Rucola verlesen, waschen,
trocken schütteln, von groben Stielen befreien und eventuell
etwas kleiner hacken.

3 Die Brotscheiben jeweils auf einer Seite mit der Frischkäsecreme
bestreichen. 1 Brotscheibe mit Kohlrabi, Rucola sowie dem Schinken belegen und mit der zweiten Brotscheibe abdecken und
diese leicht andrücken. Nach Belieben diagonal halbieren.

MIT KOHLRABI UND KIWIS

V

4 Zweige Basilikum oder glatte Petersilie
60 g Frischkäse (30 % Fett i. Tr.)
50 g Speisequark (40 % Fett)
2 EL Rübenkraut
Salz, Pfeffer
Cayennepfeffer
1 Kohlrabi
etwas Rucola
2 Scheiben Körnerbrot (à ca. 50 g)
2 kleine Kiwis (nicht zu weich)
1 TL Mandelblättchen

55 % KH, 5 % BST, 22 % F, 18 % EW

Zubereitung wie beim Mischtyp, jedoch ohne
Schinken und mit Kiwis sowie Mandelblättchen.
Die Kiwis schälen und in Scheiben schneiden.
Die Mandelblättchen in einer Pfanne ohne Fett
goldgelb anrösten und abkühlen lassen. Beides
mit den übrigen Zutaten auf die Brote geben.

MIT KOHLRABI UND SCHINKEN

S

4 Zweige Basilikum oder glatte Petersilie
60 g Frischkäse (30 % Fett i. Tr.)
50 g Speisequark (40 % Fett)
1 TL Rübenkraut
Salz, Pfeffer
Cayennepfeffer
1 Kohlrabi
etwas Rucola
2 Scheiben Körnerbrot (à ca. 50 g)
40 g magerer roher Schinken (in dünnen
Scheiben)

40 % KH, 4 % BST, 31 % F, 25 % EW

Zubereitung wie beim Mischtyp.

EXTRAFRISCH SIND DIE SCHNITTCHEN
FÜR VERBRENNERTYPEN,
DIE SIE MIT KIWISCHEIBEN STATT
MIT SCHINKEN BELEGEN.

SALAMIBROTE

MIT TOMATEN UND FRISCHKÄSE

 M

1 TL Pinienkerne
2 Scheiben Körnerbrot
(à ca. 50 g)
2–3 EL Tomatenketchup
Salz, Pfeffer
4 kleine Tomaten
40 g weiche getrocknete
Tomaten (Soft-Tomaten)
50 g körniger Frischkäse
30 g Salami (in dünnen
Scheiben)
1 Frühlingszwiebel
1 TL Thymianblättchen

47 % KH, 5 % BST, 26 % F, 22 % EW

1 Die Pinienkerne in einer Pfanne ohne Fett goldgelb anrösten und abkühlen lassen. Die Brotscheiben mit dem Tomatenketchup bestreichen und mit Salz und Pfeffer würzen.
2 Die Tomaten waschen, von den Stielansätzen befreien und in Scheiben schneiden. Die getrockneten Tomaten in dünne Streifen schneiden. Tomatenscheiben und -streifen, Frischkäse und Salami auf die Brote verteilen.
3 Die Frühlingszwiebel putzen, waschen, trocken tupfen und in dünne Ringe schneiden. Zwiebelringe mit den Thymianblättchen und den Pinienkernen auf die Brote streuen.

MIT TOMATEN UND FEIGEN

V

1 EL Pinienkerne
2 Scheiben Körnerbrot (à ca. 50 g)
4 EL Tomatenketchup, Salz, Pfeffer
4 Tomaten
40 g weiche getrocknete Tomaten (Soft-Tomaten)
30 g getrocknete Feigen (in Streifen geschnitten)
20 g Salami (in dünnen Scheiben)
1 Frühlingszwiebel
1 TL Thymianblättchen

55 % KH, 6 % BST, 22 % F, 17 % EW

Zubereitung wie beim Mischtyp, jedoch ohne Frischkäse und mit getrockneten Feigen. Die Feigen in dünne Streifen schneiden und statt des Frischkäses mit den übrigen Zutaten auf den Broten verteilen.

MIT TOMATEN UND FRISCHKÄSE

S

2 dünne Scheiben Körnerbrot (à ca. 35 g)
4 EL Tomatenketchup
Salz, Pfeffer
4 Tomaten
40 g weiche getrocknete Tomaten (Soft-Tomaten)
100 g körniger Frischkäse
30 g Salami (in dünnen Scheiben)
1 Frühlingszwiebel
1 TL Thymianblättchen

38 % KH, 4 % BST, 36 % F, 22 % EW

Zubereitung wie beim Mischtyp.

SPEICHERTYPEN WÄHLEN DÜNNERE BROTSCHEIBEN UND MEHR FRISCHKÄSE.

WIRSINGSALAT

1x
HEUTE,
1x
MORGEN

MIT TRAUBEN UND PARMESAN

M

75 g Gerstengraupen
150 ml Gemüsebrühe
300 g Wirsing (ohne Strunk
und dicke Blattrippen)
Salz
240 g weiße Bohnen
(aus der Dose; abgetropft)
200 g blaue Weintrauben
4 EL Weißweinessig
Pfeffer
2 EL Olivenöl
4 EL Apfelsaft
30 g Parmesan (am Stück)

50 % KH, 4 % BST, 27 % F, 19 % EW

1 Die Graupen mit der Brühe in einem kleinen Topf zum Kochen bringen und zugedeckt bei schwacher Hitze ca. 20 Min. bissfest köcheln.
2 Inzwischen den Wirsing waschen und in feine Streifen schneiden. Die Wirsingstreifen zugedeckt über kochendem oder in wenig kochendem Salzwasser ca. 5 Min. dämpfen bzw. dünsten. Den Wirsing bei Bedarf in einem Sieb abtropfen lassen.
3 Die Bohnen in einem Sieb kalt abbrausen und abtropfen lassen. Die Trauben waschen und von den Stielen zupfen.
4 Den Essig mit etwas Salz und Pfeffer verquirlen. Das Olivenöl und den Apfelsaft mit dem Schneebesen unterschlagen. Graupen, Wirsing, Bohnen und Trauben vorsichtig mit dem Dressing vermischen. Den Salat mit Salz und Pfeffer abschmecken. Den Parmesan in feinen Spänen darüberhobeln, z. B. mit einem Sparschäler. 1 Portion sofort lauwarm genießen, die andere aufbewahren.

MIT TRAUBEN

V

100 g Gerstengraupen
200 ml Gemüsebrühe
300 g Wirsing (ohne Strunk und dicke Blattrippen)
Salz
240 g weiße Bohnen (aus der Dose; abgetropft)
250 g blaue Weintrauben
4 EL Weißweinessig
Pfeffer
3 EL Olivenöl
4 EL Apfelsaft

55 % KH, 4 % BST, 26 % F, 15 % EW

Zubereitung wie beim Mischtyp, jedoch ohne Parmesan. 1 Portion sofort lauwarm genießen, die andere aufbewahren.

MIT PARMESAN

S

80 g Gerstengraupen
160 ml Gemüsebrühe
300 g Wirsing (ohne Strunk und dicke Blattrippen)
Salz
240 g weiße Bohnen (aus der Dose; abgetropft)
4 EL Weißweinessig
Pfeffer
2 EL Olivenöl
150 g Naturjoghurt (1,5% Fett)
50 g Parmesan (am Stück)

42 % KH, 3 % BST, 33 % F, 22 % EW

Zubereitung wie beim Mischtyp, jedoch ohne Weintrauben und mit Joghurt. Den Joghurt unter das Dressing rühren. 1 Portion sofort lauwarm genießen, die andere aufbewahren.

SPEICHERTYPEN VERZICHTEN AUF DIE
KOHLENHYDRATREICHEN TRAUBEN UND
GENEHMIGEN SICH MEHR PARMESAN.

BUNTER BOHNENSALAT

MIT SCHINKEN

300 g grüne Bohnen
Salz
125 g weiße Bohnen
(aus der Dose; abgetropft)
150 g Aprikosen oder Pfirsich
40 g magerer gekochter
Schinken
2 EL Apfelessig
2 EL Apfeldicksaft
1 TL Senf
Pfeffer
1 EL Olivenöl
1 EL gehackte Petersilie
1 TL Sonnenblumenkerne

48 % KH, 4 % BST, 27 % F, 21 % EW

1   Bohnen putzen, waschen, schräg halbieren und in einen Dämpfeinsatz geben. In einem großen Topf wenig Salzwasser zum Kochen bringen, den Dämpfeinsatz hineinstellen und die Bohnen zugedeckt bei mittlerer Hitze 10–12 Min. dämpfen.

2   Weiße Bohnen in einem Sieb abbrausen und gut abtropfen lassen. Die Aprikosen waschen, vierteln und entsteinen. Den Schinken in kleine Würfel schneiden.

3   Den Essig mit Apfeldicksaft, Senf, etwas Salz und Pfeffer gut verrühren. Das Olivenöl unterschlagen und die Petersilie unterrühren. Das Dressing mit Salz und Pfeffer abschmecken.

4   Grüne Bohnen vorsichtig mit dem Dressing mischen. Weiße Bohnen, Aprikosen und Schinken untermengen und den Salat mit Salz und Pfeffer abschmecken.

5   Zum Mitnehmen den Salat in ein dicht schließendes Gefäß geben, etwa eine Lunchbox oder ein Twist-off-Glas. Die Sonnenblumenkerne nach Belieben anrösten und daraufgeben. Das Gefäß verschließen und den Salat bis zum Verzehr kalt stellen.

MIT REIS

250 g grüne Bohnen, Salz
125 g weiße Bohnen (aus der Dose; abgetropft)
150 g Aprikosen oder Pfirsich
75 g gegarter Parboiled Langkornreis
2 EL Apfelessig
2 EL Apfeldicksaft
1 TL Senf, Pfeffer
1½ EL Olivenöl
1 EL gehackte Petersilie

55 % KH, 4 % BST, 27 % F, 14 % EW

Zubereitung wie beim Mischtyp, jedoch ohne Schinken und mit Reis. Den Reis statt des Schinkens mit den Bohnen und den Aprikosen mischen.

MIT SCHINKEN

250 g grüne Bohnen, Salz
125 g weiße Bohnen (aus der Dose; abgetropft)
150 g Aprikosen oder Pfirsich
80 g magerer gekochter Schinken
2 EL Apfelessig
1 EL Apfeldicksaft
1 TL Senf, Pfeffer
1½ EL Olivenöl
1 EL gehackte Petersilie

39 % KH, 4 % BST, 31 % F, 26 % EW

Zubereitung wie beim Mischtyp.

VERBRENNERTYPEN
MISCHEN STATT GEKOCHTEM
SCHINKEN EINE PORTION
KOHLENHYDRATREICHEN
REIS UNTER.

MATJESFILET

MIT KARTOFFEL-BOHNEN-SALAT

300 g kleine neue Kartoffeln
300 g grüne Bohnen
Salz
1 kleiner rotschaliger Apfel
1 EL Zitronensaft
100 g Naturjoghurt (3,5 % Fett)
Pfeffer
1 Matjesfilet (ca. 80 g)
etwas gehackter Dill

46 % KH, 3 % BST, 32 % F, 19 % EW

1 Kartoffeln waschen und in wenig Salzwasser ca. 15 Min. bissfest garen. Abgießen und abkühlen lassen. Bohnen putzen, waschen, in mundgerechte Stücke schneiden und zugedeckt in wenig Salzwasser ca. 10 Min. bissfest garen. In ein Sieb abgießen, kalt abschrecken, abtropfen und abkühlen lassen.

2 Den Apfel waschen, vierteln, entkernen und in kleine Würfel schneiden und diese mit dem Zitronensaft und dem Joghurt verrühren. Die Apfelmischung mit Salz und Pfeffer abschmecken.

3 Die Kartoffeln pellen, jeweils halbieren und mit den Bohnen mischen. Den Apfeljoghurt über den Salat geben und das Matjesfilet darauf anrichten. Mit Dill bestreuen.

MIT KARTOFFEL-BOHNEN-SALAT

300 g kleine neue Kartoffeln, 300 g grüne Bohnen
Salz, 1 kleiner rotschaliger Apfel
1 EL Zitronensaft
100 g Naturjoghurt (0,1 % Fett)
2 EL Apfeldicksaft, Pfeffer
1 kleines Matjesfilet (ca. 60 g), etwas gehackter Dill

58 % KH, 4 % BST, 22 % F, 16 % EW

Zubereitung wie beim Mischtyp, jedoch mit weniger Matjes und Apfeldicksaft im Dressing. Den Dicksaft zum Schluss unter den Apfeljoghurt rühren.

MIT BOHNEN-FENCHEL-SALAT

300 g grüne Bohnen
1 große Fenchelknolle (mit Grün), Salz
1 kleiner rotschaliger Apfel, 1 EL Zitronensaft
100 g Naturjoghurt (1,5 % Fett)
50 g körniger Frischkäse
1 EL Apfeldicksaft, Pfeffer, 1 Matjesfilet (ca. 80 g)

37 % KH, 5 % BST, 35 % F, 23 % EW

Bohnen vorbereiten. Fenchel putzen, waschen, halbieren und in feine Streifen schneiden. Bohnen zugedeckt in wenig Salzwasser ca. 10 Min. bissfest garen, dabei die Fenchelstreifen nach ca. 5 Min. hinzufügen und mitgaren. Gemüse in ein Sieb abgießen, kalt abschrecken, abtropfen und abkühlen lassen. Apfel waschen, vierteln, entkernen und klein würfeln. Mit Zitronensaft, Joghurt, Frischkäse und Apfeldicksaft verrühren und mit Salz und Pfeffer abschmecken. Bohnen und Fenchel vorsichtig mischen und das Apfel-Joghurt-Dressing daraufgeben. Das Matjesfilet drauflegen und mit Fenchelgrün garnieren.

DER VERBRENNERTYP ERHÖHT MIT APFEL-
DICKSAFT DEN KOHLENHYDRATANTEIL.
SPEICHERTYPEN VERZICHTEN AUF
KARTOFFELN – STATTDESSEN GIBT ES
FENCHEL UND EIN EIWEISS-PLUS AUS
FRISCHKÄSE.

ROSENKOHL-DINKEL-SALAT

MIT HASELNÜSSEN

300 g Rosenkohl
80 g Schnellkoch-Dinkel
(ganze Körner)
Salz
1 Schalotte
1 TL süßer Senf
1 TL Honig
1 EL Apfelessig
2 EL Orangensaft
1 EL Rapsöl
Pfeffer
30 g Rucola
1 EL Haselnussblättchen

47 % KH, 7 % BST, 28 % F, 18 % EW

1 Den Rosenkohl putzen und die äußeren Blätter entfernen. Die Röschen waschen und je nach Größe halbieren oder vierteln. Den Dinkel mit ¼ l Wasser in einem Topf zum Kochen bringen, leicht salzen und zugedeckt bei mittlerer Hitze 5 Min. köcheln lassen. Den Rosenkohl dazugeben und alles ca. 10 Min. weitergaren, bis der Dinkel und der Rosenkohl bissfest sind.

2 Inzwischen die Schalotte schälen und in kleine Würfel schneiden. Die Schalottenwürfel mit Senf, Honig, Essig und Orangensaft verrühren und das Öl unterschlagen. Das Dressing mit Salz und Pfeffer abschmecken.

3 Rosenkohl und Dinkel in ein Sieb abgießen und, falls nötig, abtropfen lassen. Beides in einer Schüssel vorsichtig mit dem Dressing vermischen.

4 Den Rucola verlesen, waschen, trocken schütteln, von groben Stielen befreien und mit dem Rosenkohl-Dinkel-Salat auf einem Teller oder in einer Schale anrichten. Die Haselnussblättchen daraufstreuen.

MIT APFEL

300 g Rosenkohl
80 g Schnellkoch-Dinkel (ganze Körner), Salz
1 Schalotte, 1 TL süßer Senf
1 EL Apfelessig
2 EL Orangensaft
2 EL Rapsöl
Pfeffer
1 rotschaliger Apfel
1 EL Zitronensaft
30 g Rucola

55 % KH, 7 % BST, 21 % F, 17 % EW

Zubereitung wie beim Mischtyp, jedoch mit Apfel und Zitronensaft. Den Apfel waschen, trocken reiben, vierteln und entkernen. Die Viertel in Spalten oder kleine Würfel schneiden, mit dem Zitronensaft beträufeln und unter den Salat mischen.

MIT HASELNÜSSEN UND SCHINKEN

300 g Rosenkohl
50 g Schnellkoch-Dinkel (ganze Körner), Salz
1 Schalotte, 1 TL süßer Senf
1 TL Honig, 1 EL Apfelessig
2 EL Orangensaft
1 EL Rapsöl
Pfeffer
80 g magerer gekochter Schinken (in Scheiben)
30 g Rucola
1 EL Haselnussblättchen

35 % KH, 6 % BST, 32 % F, 27 % EW

Zubereitung wie beim Mischtyp, jedoch mit Schinken. Den Schinken mit dem Salat anrichten oder in kleine Würfel schneiden und untermischen.

VERBRENNERTYPEN
VERZICHTEN AUF HASELNÜSSE
UND ERGÄNZEN MIT APFEL.
SPEICHERTYPEN GENEHMIGEN
SICH SCHINKEN DAZU.

NUDEL-ROMANESCO-SALAT

MIT KRESSE

 M

80 g Röhrennudeln
(z. B. Sedanini oder Casarecce)
Salz
250 g Romanesco
100 g griechischer Joghurt
(10 % Fett)
1 TL Senf
2 TL Tomatenmark
Pfeffer
1 Kästchen Gartenkresse
1 EL Pinienkerne

49 % KH, 5 % BST, 27 % F, 19 % EW

1 Nudeln in reichlich kochendem Salzwasser nach Packungsanweisung bissfest garen. In ein Sieb abgießen, kalt abschrecken und gut abtropfen lassen.
2 Den Romanesco putzen, waschen und in mundgerechte Röschen teilen und in einen Dämpfeinsatz geben. In einem großen Topf wenig Salzwasser zum Kochen bringen, den Dämpfeinsatz hineinstellen und den Romanesco bei mittlerer Hitze ca. 8 Min. bissfest dämpfen.
3 Joghurt mit Senf und Tomatenmark verrühren, das Dressing mit Salz und Pfeffer abschmecken. Die Kresse vom Beet schneiden, waschen und trocken tupfen. Die Pinienkerne in einer kleinen Pfanne ohne Fett goldbraun anrösten.
4 Die Nudeln mit dem Romanesco und der Kresse mischen, das Dressing dazugeben. Den Salat mit den Pinienkernen bestreuen.

MIT KRESSE

 V

100 g Röhrennudeln (z. B. Sedanini oder
Casarecce), Salz
200 g Romanesco
50 g Naturjoghurt (0,1 % Fett)
1 EL Nussöl (z. B. Walnussöl)
1 TL Senf, 2 TL Tomatenmark
Pfeffer, 1 Kästchen Gartenkresse
1 EL Pinienkerne

54 % KH, 4 % BST, 25 % F, 17 % EW

Zubereitung wie beim Mischtyp, jedoch mit mehr Nudeln, weniger Joghurt und dafür mit Nussöl. Das Öl unter das Joghurtdressing schlagen.

MIT THUNFISCH UND KRESSE

S

60 g Röhrennudeln (z. B. Sedanini oder
Casarecce), Salz
150 g Romanesco
100 g Naturjoghurt (3,5 % Fett), 1 TL Senf
2 TL Tomatenmark, Pfeffer
1 Kästchen Gartenkresse
1 EL Pinienkerne
80 g Thunfisch (im eigenen Saft; aus der Dose)

39 % KH, 3 % BST, 31 % F, 27 % EW

Zubereitung wie beim Mischtyp, jedoch mit Thunfisch. Diesen abtropfen lassen, nach Belieben grob zerteilen und zum Schluss zum Salat geben.

 Tipp Der Salat eignet sich bestens zum Mitnehmen ins Büro. In ein Bügelglas füllen, über Nacht in den Kühlschrank stellen und am nächsten Tag mitnehmen.

VERBRENNERTYPEN NEHMEN MEHR NUDELN, WENIGER SOWIE FETTARMEN JOGHURT UND ÖL. SPEICHERTYPEN TOPPEN MIT EIWEISSREICHEM THUNFISCH.

SPITZKOHLROHKOST

MIT FRISCHKÄSE

 M

½ Bund glatte Petersilie
300 g Spitzkohl
150 g Naturjoghurt (0,1 % Fett)
2 TL Sesamöl, 1 EL Apfeldicksaft
Salz, Pfeffer
1 rotschaliger Apfel
2 EL Zitronensaft
30 g getrocknete Kirschen
100 g körniger Frischkäse
1 EL Sesamsamen (geröstet)

48 % KH, 5 % BST, 28 % F, 19 % EW

1 Die Petersilie waschen und trocken schütteln, die Blätter abzupfen. Einige Blätter für die Deko beiseitelegen, die restlichen Blätter grob hacken.

2 Vom Spitzkohl die äußeren Blätter und den harten Strunk entfernen. Den Kohl in feine Streifen schneiden oder auf der Gemüsereibe grob raspeln. Mit den Händen gut durchkneten, dann die gehackte Petersilie untermischen.

3 Den Joghurt mit Öl, Apfeldicksaft sowie etwas Salz und Pfeffer verrühren. Den Apfel waschen, trocken reiben und vierteln, das Kerngehäuse entfernen. Die Apfelviertel quer in dünne Scheiben schneiden und diese sofort mit dem Zitronensaft beträufeln.

4 Den Kohl mit dem Dressing und den Kirschen mischen. Mit den Apfelscheiben und dem körnigen Frischkäse auf einem Teller oder in einer Schale anrichten. Die Sesamsamen und die beiseitegelegten Petersilienblätter daraufstreuen.

MIT ORANGE

 V

½ Bund glatte Petersilie, 300 g Spitzkohl
150 g Naturjoghurt (0,1 % Fett)
1 EL Sesamöl
 1 EL Apfeldicksaft
Salz, Pfeffer
1 rotschaliger Apfel
2 EL Zitronensaft
1 Orange
30 g getrocknete Kirschen
1 EL Sesamsamen (geröstet)

56 % KH, 6 % BST, 26 % F, 12 % EW

Zubereitung wie beim Mischtyp, jedoch ohne Frischkäse und mit Orange. Die Orange so großzügig schälen, dass auch die weiße Haut mit entfernt wird. Die Filets zwischen den einzelnen Trennhäuten herausschneiden und unter den Salat mischen.

MIT KASSELER

S

½ Bund glatte Petersilie, 250 g Spitzkohl
150 g Naturjoghurt (0,1 % Fett)
1 EL Sesamöl, 1 EL Apfeldicksaft
Salz, Pfeffer
1 rotschaliger Apfel, 2 EL Zitronensaft
20 g getrocknete Kirschen (nach Belieben Süß-
oder Sauerkirschen)
75 g körniger Frischkäse (20 % Fett i. Tr.)
60 g Kasseler-Aufschnitt (in dünnen Scheiben)
1 EL Sesamsamen (geröstet; ca. 10 g)

39 % KH, 4 % BST, 34 % F, 23 % EW

Zubereitung wie beim Mischtyp, jedoch mit Kasseler. Diesen zusammen mit dem Apfel und dem Frischkäse mit dem Salat anrichten.

FÜR VERBRENNERTYPEN GIBT ES ORANGE STATT FRISCHKÄSE.

SCHWARZWURZELSALAT

MIT ROASTBEEF UND JOGHURT

 M

300 g Schwarzwurzeln
Salz
2 EL Weißweinessig
1 kleine Bio-Orange
1 EL Rapsöl
2 EL Honig
Pfeffer
1 Handvoll Sprossen
(z.B. Radieschensprossen)
1 kleiner Apfel
1 EL Zitronensaft
50 g Roastbeef (in dünnen
Scheiben)
100 g Naturjoghurt (0,1 % Fett)

43 % KH, 20 % BST, 21 % F, 16 % EW

1 Schwarzwurzeln unter fließendem Wasser gründlich abbürsten. In reichlich Salzwasser mit dem Essig zugedeckt ca. 10 Min. nicht zu weich kochen. Die Schwarzwurzeln abgießen, kalt abschrecken, schälen und in Stücke schneiden. Dabei am besten Einweghandschuhe tragen, da die Schwarzwurzeln abfärben.

2 Orange heiß waschen und trocken reiben, etwas Schale fein abreiben. Die Orange halbieren, eine Hälfte auspressen. Die andere schälen und das Fruchtfleisch in Stücke schneiden.

3 Die Schwarzwurzeln in einer Pfanne im Öl bei mittlerer Hitze 3–4 Min. anbraten, herausnehmen und mit den Orangenstücken mischen. Orangensaft, -schale und Honig in der Pfanne bei starker Hitze ein wenig einkochen lassen. Die Saftmischung mit der Schwarzwurzelmischung mischen, mit Salz und Pfeffer würzen.

4 Sprossen kalt abbrausen und abtropfen lassen. Den Apfel waschen, entkernen und in Spalten schneiden. Mit dem Zitronensaft beträufeln. Apfelspalten, Sprossen und Roastbeef mit dem Schwarzwurzelsalat anrichten. Den Joghurt darüberträufeln.

MIT RÜBEN UND TOASTBROT

V

250 g Schwarzwurzeln, Salz, 2 EL Weißweinessig
220 g weiße Rüben (z.B. Teltower Rübchen)
1 kleine Bio-Orange, 1 EL Rapsöl, 2 EL Honig
Pfeffer, 1 Handvoll Sprossen (z.B. Radieschensprossen), 1 Apfel, 1 EL Zitronensaft
50 g Magerquark, 100 g Naturjoghurt (0,1 % Fett)
1 Scheibe Vollkorntoastbrot

49 % KH, 17 % BST, 21 % F, 13 % EW

Zubereitung wie beim Mischtyp, jedoch ohne Roastbeef und mit weißen Rüben, Quark sowie Toastbrot. Die weißen Rüben putzen, schälen und in dicke Streifen schneiden. Rübenstreifen mit den gegarten Schwarzwurzelstücken im Öl braten. Quark und Joghurt verrühren und über den Salat träufeln. Das Brot nach Belieben toasten und dazu essen.

MIT ROASTBEEF UND JOGHURT-QUARK

S

300 g Schwarzwurzeln, Salz
2 EL Weißweinessig, 1 kleine Bio-Orange
1 EL Rapsöl, 2 EL Honig, Pfeffer
1 Handvoll Sprossen (z.B. Radieschensprossen)
70 g Roastbeef (in dünnen Scheiben)
100 g Naturjoghurt (0,1 % Fett)
50 g Magerquark

32 % KH, 17 % BST, 28 % F, 23 % EW

Zubereitung wie beim Mischtyp, jedoch ohne Apfel und mit Quark. Diesen mit dem Joghurt verrühren, dann den Joghurt-Quark auf den Salat träufeln.

FÜR VERBRENNER HEISST ES: KEIN ROASTBEEF, DAFÜR RÜBCHEN, QUARK UND TOAST-BROT. FÜR SPEICHERTYPEN: KEINE KOHLENHYDRATE AUS APFEL, DAFÜR MEHR ROAST-BEEF UND QUARK FÜR EIN PLUS AN EIWEISS.

NUDEL-KICHERERBSEN-SALAT

MIT PUTENBRUST

 M

75 g Nudeln (z. B. kleine
Farfalle), Salz
100 g Kichererbsen
(aus der Dose; abgetropft)
2 EL Apfelessig
Pfeffer
1 EL Walnussöl
2 EL Gemüsebrühe
75 g Cocktailtomaten
50 g geräucherte Putenbrust
(in dünnen Scheiben)
½ Bund Petersilie

50 % KH, 3 % BST, 28 % F, 19 % EW

1 Die Nudeln in reichlich kochendem Salzwasser nach Packungsanweisung bissfest garen. Inzwischen die Kichererbsen in einem
Sieb abbrausen und abtropfen lassen.
2 Den Essig mit etwas Salz und Pfeffer verrühren, dann das Öl unterschlagen. Die Brühe unterrühren und das Dressing nochmals
mit Salz und Pfeffer abschmecken.
3 Die Tomaten waschen und jeweils halbieren. Die Putenbrust in
schmale Streifen schneiden. Die Petersilie waschen und trocken
schütteln, die Blätter abzupfen und nach Belieben etwas kleiner
schneiden.
4 Die Nudeln in ein Sieb abgießen, kalt abschrecken, gut abtropfen
lassen und mit den übrigen vorbereiteten Zutaten mischen.

MIT ERBSEN

 V

75 g Nudeln (z. B. kleine Farfalle), Salz
100 g Kichererbsen (aus der Dose; abgetropft)
2 EL Apfelessig, Pfeffer
1 EL Walnussöl, 2 EL Gemüsebrühe
75 g Cocktailtomaten
60 g TK-Erbsen
½ Bund Petersilie

55 % KH, 4 % BST, 26 % F, 15 % EW

Zubereitung wie beim Mischtyp, jedoch ohne
Putenbrust und mit Erbsen. Die Erbsen in wenig
kochendem Wasser ca. 3 Min. garen, dann in
einem Sieb abtropfen lassen und mit den übrigen
Zutaten mischen.

MIT PUTENBRUST

S

50 g Nudeln (z. B. kleine Farfalle), Salz
100 g Kichererbsen (aus der Dose; abgetropft)
2 EL Apfelessig, Pfeffer
1 EL Walnussöl, 2 EL Gemüsebrühe
75 g Cocktailtomaten
80 g geräucherte Putenbrust (in Scheiben)
½ Bund Petersilie

42 % KH, 3 % BST, 32 % F, 23 % EW

Zubereitung wie beim Mischtyp.

 Tipp Übrige Kichererbsen können Sie problemlos flach ausgebreitet im Tiefkühlfach anfrieren. Dann 0in
einen Gefrierbeutel füllen – so lässt sich später jederzeit die gewünschte Menge entnehmen.

VERBRENNERTYPEN NEHMEN
ERBSEN STATT PUTENBRUST,
SPEICHERTYPEN WENIGER
NUDELN UND MEHR PUTENBRUST.

BUNTER SALATTELLER

MIT KÄSE-BROT-SPIESSEN

1 große, dicke Scheibe Körner-
brot (geröstet; ca. 100 g)
70 g Harzer Käse
30 g weiche getrocknete
Aprikosen (Soft-Aprikosen)
1 Handvoll gemischte zarte
Salatblätter (z. B. Pflücksalate)
2 rote Zwiebeln (ca. 120 g)
50 g Radieschen, 1½ EL Rapsöl
1 EL Apfeldicksaft
3 EL Apfelessig, Salz, Pfeffer

46 % KH, 5 % BST, 27 % F, 22 % EW

1 Das Brot und den Harzer Käse in mundgerechte Stücke schneiden. Die Brot- und Käsestücke abwechselnd mit den Aprikosen
auf Spieße reihen.
2 Die Salatblätter waschen, sehr gut trocken schütteln und eventuell etwas kleiner zupfen. Die Zwiebeln schälen und in dünne
Spalten oder Scheiben schneiden. Die Radieschen putzen, waschen und in kleine Stücke schneiden.
3 Öl mit Apfeldicksaft, Essig und etwas Salz und Pfeffer zu einem
Dressing verquirlen. Die Salatblätter vorsichtig mit dem Dressing
mischen. Den Salat mit Zwiebeln und Radieschen auf einem
Teller anrichten, die Spieße dazulegen und nach Belieben mit
Kümmel bestreuen.

MIT FRUCHTIGEN BROTSPIESSEN

1 große, dicke Scheibe Körnerbrot (geröstet;
ca. 100 g), 30 g weiche getrocknete Aprikosen
(Soft-Aprikosen)
20 g getrocknete Pflaumen (ohne Stein)
1 Handvoll gemischte zarte Salatblätter
(z. B. Pflücksalate)
2 rote Zwiebeln (ca. 120 g), 50 g Radieschen
1½ EL Rapsöl, 1 EL Apfeldicksaft, 3 EL Apfelessig
Salz, Pfeffer
50 g körniger Frischkäse

53 % KH, 7 % BST, 28 % F, 12 % EW

Zubereitung wie beim Mischtyp, jedoch ohne
Harzer und mit getrockneten Pflaumen sowie
Frischkäse. Die Pflaumen mit den Aprikosen und
dem Brot auf Spieße reihen. Den Frischkäse auf
den Salat geben.

MIT KÄSE-BROT-SPIESSEN

1 kleine, dicke Scheibe Körnerbrot (geröstet;
ca. 70 g), 70 g Harzer Käse
30 g weiche getrocknete Aprikosen
(Soft-Aprikosen)
1 Handvoll gemischte zarte Salatblätter
(z. B. Pflücksalate)
2 rote Zwiebeln (ca. 120 g), 50 g Radieschen
1½ EL Rapsöl, 1 EL Apfeldicksaft, 3 EL Apfelessig
Salz, Pfeffer
50 g körniger Frischkäse

39 % KH, 5 % BST, 30 % F, 26 % EW

Zubereitung wie beim Mischtyp, jedoch mit
Frischkäse. Den Frischkäse auf den Salat geben.

VERBRENNER- UND SPEICHERTYPEN BEKOMMEN FRISCHKÄSE ALS ZUSÄTZLICHE EIWEISSQUELLE, SPEICHERTYPEN WENIGER KOHLENHYDRATREICHES BROT.

RÄUCHERFORELLENFILETS

MIT ROTE-BETE-TATAR UND WALNÜSSEN

250 g Rote Beten (gegart und
vakuumiert)
3 Schalotten
1 EL Walnussöl
2 EL Rotweinessig
1 TL Honig
Salz, Pfeffer
3 EL Rosinen
2–3 Salatblätter (z. B. Kopfsalat)
3 Walnusskernhälften
80 g Räucherforellenfilet
20 g Forellenkaviar
1 große Orange

1 Die Roten Beten in kleine Würfel schneiden. Die Schalotten schälen und ebenfalls in kleine Würfel schneiden.

2 Öl, Essig, Honig sowie etwas Salz und Pfeffer zu einem Dressing verquirlen. Schalotten, Rote Beten und die Rosinen vorsichtig mit dem Dressing mischen.

3 Die Salatblätter waschen, gut trocken schütteln und nach Belieben etwas kleiner zupfen. Mit der Rote-Bete-Mischung auf einem Teller anrichten.

4 Die Walnüsse grob hacken. Das Räucherforellenfilet und den Kaviar auf den Teller geben und mit den Nüssen bestreuen. Die Orange schälen, halbieren, in dünne Scheiben schneiden und diese zu den übrigen Zutaten auf den Teller legen.

47 % KH, 4 % BST, 28 % F, 21 % EW

MIT ROTE-BETE-TATAR UND HAFERFLOCKEN

250 g Rote Beten (gegart und vakuumiert)
3 Schalotten
1 EL Walnussöl, 2 EL Rotweinessig
2 TL Honig, Salz, Pfeffer
3 EL Rosinen
2–3 Salatblätter (z. B. Kopfsalat)
40 g Räucherforellenfilet
20 g Forellenkaviar
20 g kernige Haferflocken
1 große Orange

56 % KH, 5 % BST, 23 % F, 16 % EW

Zubereitung wie beim Mischtyp, jedoch ohne Walnüsse und mit Haferflocken. Die Haferfocken statt der Walnüsse als Topping aufstreuen.

MIT ROTE-BETE-TATAR UND WALNÜSSEN

200 g Rote Beten (gegart und vakuumiert)
3 Schalotten, 1 EL Walnussöl, 2 EL Rotweinessig
1 TL Honig
Salz, Pfeffer
2 EL Rosinen
2–3 Salatblätter (z. B. Kopfsalat)
3 Walnusskernhälften
100 g Räucherforellenfilet
20 g Forellenkaviar
1 große Orange

39 % KH, 4 % BST, 31 % F, 26 % EW

Zubereitung wie beim Mischtyp.

SPEICHERTYPEN NEHMEN
WENIGER ROTE BETEN UND
MEHR FISCH.

DEUTSCHLANK-SALAT

MIT GEFÜLLTEM EI UND GARNELEN

1 Ei
1 Handvoll gemischte zarte
Salatblätter (z.B. Pflücksalate)
1 kleine Dose Maiskörner
(ca. 140 g Abtropfgewicht)
1 kleine Paprikaschote
120 g Pastinake
2 TL Rapsöl
2 EL Himbeeressig
2 EL Apfeldicksaft
Salz, Pfeffer, 1 TL Senf
50 g Garnelen
(gegart und geschält)
100 g Himbeeren

48 % KH, 5 % BST, 27 % F, 20 % EW

1 Das Ei in kochendem Wasser ca. 10 Min. hart garen. Salatblätter waschen und trocken schleudern. Mais in einem Sieb abtropfen lassen. Paprikaschote längs halbieren, entkernen, waschen und in feine Streifen schneiden. Die Pastinake putzen und, nur falls nötig, schälen. Die Hälfte davon mit der Küchenreibe grob raspeln, den Rest in sehr dünne Scheiben schneiden oder hobeln.

2 Öl mit Essig, Apfeldicksaft, Salz und Pfeffer zu einem Dressing verquirlen. Salat, Mais, Paprika und Pastinakenscheiben vorsichtig mit dem Dressing mischen. Den Salat auf einen Teller geben.

3 Das Ei kalt abschrecken, pellen und längs halbieren. Das Eigelb vorsichtig herauslösen und mit der geraspelten Pastinake verrühren, dann den Senf unterrühren. Die Pastinakenmasse mit Salz und Pfeffer würzen und in die Eiweißhälften füllen.

4 Die gefüllten Eier auf das Salatbett setzen und die Garnelen darauf verteilen. Die Himbeeren verlesen, waschen, trocken tupfen und auf den Salat streuen.

MIT GEFÜLLTEM EI

1 Ei, 1 Handvoll gemischte zarte
Salatblätter (z.B. Pflücksalate)
1 kleine Dose Maiskörner (ca. 140 g Abtropfgewicht), 1 kleine Paprikaschote
1 kleiner Apfel, 200 g Pastinake
2 TL Rapsöl, 2 EL Himbeeressig
2 EL Apfeldicksaft
Salz, Pfeffer, 1 TL Senf
1 Cocktailtomate, 100 g Himbeeren

58 % KH, 6 % BST, 24 % F, 12 % EW

Zubereitung wie beim Mischtyp, jedoch mit Apfel sowie Tomate und ohne Garnelen. Den Apfel waschen, trocken reiben, vierteln, entkernen und in kleine Würfel schneiden. Die Apfelwürfel mit Salat, Mais, Paprika und Pastinakenscheiben mischen. Die Tomate waschen, vierteln und statt der Garnelen auf die gefüllten Eier geben.

MIT GEFÜLLTEN EIERN UND GARNELEN

2 Eier, 1 Handvoll gemischte zarte Salatblätter
(z.B. Pflücksalate)
1 kleine Dose Maiskörner (ca. 140 g Abtropfgewicht), 1 kleine Paprikaschote, 2 TL Rapsöl
2 EL Himbeeressig, 2 EL Apfeldicksaft, Salz
Pfeffer, 1 TL Senf
25 g körniger Frischkäse
50 g Garnelen (gegart und geschält)
100 g Himbeeren

37 % KH, 4 % BST, 34 % F, 25 % EW

Zubereitung wie beim Mischtyp, jedoch ohne Pastinake und mit Frischkäse. Den Frischkäse statt der geraspelten Pastinake mit dem Eigelb verrühren.

SPEICHERTYPEN VERWENDEN
EIWEISSREICHEN FRISCHKÄSE
STATT KOHLENHYDRATREICHER
PASTINAKE.

LINSENSALAT

MIT BLUMENKOHL

60 g Belugalinsen (ersatzweise
andere kleine Linsen)
125 ml Gemüsebrühe
250 g Blumenkohl
1 EL Sonnenblumenkerne
3 EL Balsamico bianco
Salz, Pfeffer
2 TL Senf
1 EL Rapsöl
1 EL Birnendicksaft
2 Frühlingszwiebeln
1 große Birne
2 EL Zitronensaft

46 % KH, 9 % BST, 25 % F, 20 % EW

1 Die Linsen mit der Brühe in einem kleinen Topf aufkochen und zugedeckt bei mittlerer Hitze ca. 15 Min. bissfest köcheln. Dann in ein Sieb abgießen, abtropfen und abkühlen lassen.
2 Den Blumenkohl putzen, waschen und in sehr kleine Röschen teilen. Die Sonnenblumenkerne in einer kleinen beschichteten Pfanne goldbraun anrösten, dann den Blumenkohl dazugeben und alles zusammen 4–5 Min. braten.
3 Den Essig in einer Schüssel mit etwas Salz und Pfeffer und dem Senf gut verquirlen. Das Öl mit einem Schneebesen unterschlagen, dann den Birnendicksaft unterrühren. Blumenkohl, Sonnenblumenkerne und Linsen vorsichtig mit dem Dressing mischen.
4 Die Frühlingszwiebeln putzen, waschen und in dünne Ringe schneiden. Einige Zwiebelringe beiseitelegen, die restlichen unter den Linsensalat mischen. Die Birne waschen, trocken reiben und vierteln, das Kerngehäuse entfernen. Die Birnenviertel quer in dünne Scheiben schneiden, diese mit dem Zitronensaft beträufeln und ebenfalls unter den Linsensalat mischen. Den Salat mit den übrigen Frühlingszwiebelringen bestreuen.

MIT BLUMENKOHL, MÖHREN UND ROSINEN

40 g Belugalinsen (ersatzweise andere kleine
Linsen), 100 ml Gemüsebrühe
200 g Blumenkohl, 150 g Möhren
3 EL Balsamico bianco
Salz, Pfeffer, 2 TL Senf
1 EL Rapsöl, 1 EL Birnendicksaft
2 Frühlingszwiebeln, 1 große Birne
2 EL Zitronensaft
2 EL Rosinen

57 % KH, 9 % BST, 19 % F, 15 % EW

Zubereitung wie beim Mischtyp, jedoch ohne Sonnenblumenkerne und mit Möhren sowie Rosinen. Die Möhren putzen, schälen und in kleine Würfel schneiden. Die Möhrenwürfel mit dem Blumenkohl anbraten und mit den Linsen sowie den Rosinen unter das Dressing mischen.

MIT BLUMENKOHL UND SCHINKEN

80 g Belugalinsen (ersatzweise andere kleine
Linsen), 160 ml Gemüsebrühe
100 g Blumenkohl, 1 EL Sonnenblumenkerne
3 EL Balsamico bianco
Salz, Pfeffer, 2 TL Senf, 1 EL Rapsöl
1 EL Birnendicksaft
2 Frühlingszwiebeln, 1 kleine Birne
2 EL Zitronensaft
40 g magerer gekochter Schinken

38 % KH, 7 % BST, 29 % F, 26 % EW

Zubereitung wie beim Mischtyp, jedoch mit gekochtem Schinken. Den Schinken in kleine Würfel schneiden und unter den Salat mischen.

VERBRENNERTYPEN
BEKOMMEN FÜR EXTRA-
KOHLENHYDRATE MÖHREN
UND ROSINEN DAZU.

BUNTER KRAUTSALAT

MIT MELONE UND SAHNEDRESSING

M

125 g Weißkohl (ohne Strunk)
125 g Rotkohl (ohne Strunk)
100 g Möhren
2 Frühlingszwiebeln
2 EL Weißweinessig
1 EL heller flüssiger Honig
Salz, Pfeffer
200 g Honigmelone (ersatzweise
andere Zuckermelone)
70 g saure Sahne (10 % Fett)
100 g körniger Frischkäse
(20 % Fett i. Tr.)
20 g gemischte Getreideflocken

48 % KH, 5 % BST, 29 % F, 18 % EW

1 Den Weiß- und den Rotkohl putzen und in sehr feine Streifen schneiden oder hobeln. Die Möhren putzen, schälen und ebenfalls hobeln. Die Frühlingszwiebeln putzen, waschen und schräg in sehr dünne Ringe schneiden. Den Kohl gut durchkneten, dann mit den Möhren und den Frühlingszwiebeln mischen. Ca. 1 TL Essig, Honig und etwas Salz sowie Pfeffer untermischen.

2 Die Melone entkernen und schälen. Das Fruchtfleisch in schmale Spalten schneiden. Den restlichen Essig mit der sauren Sahne und dem Frischkäse verrühren, die Masse mit Salz und Pfeffer abschmecken.

3 Die Getreideflocken in einer kleinen Pfanne kurz anrösten. Die Kohlmischung mit den Melonenspalten und der Frischkäsemasse zusammen auf einem Teller anrichten und alles mit den Getreideflocken bestreuen.

MIT MELONE UND JOGHURTDRESSING

V

125 g Weißkohl (ohne Strunk)
125 g Rotkohl (ohne Strunk)
100 g Möhren, 2 Frühlingszwiebeln
2 EL Weißweinessig
1 EL heller flüssiger Honig
Salz, Pfeffer
300 g Honigmelone (ersatzweise
andere Zuckermelone)
125 g Naturjoghurt (10 % Fett)
2 EL Zitronensaft
30 g gemischte Getreideflocken

59 % KH, 6 % BST, 23 % F, 12 % EW

Zubereitung wie beim Mischtyp, jedoch mit einem Dressing aus Joghurt und Zitronensaft statt saurer Sahne und Frischkäse. Den Joghurt mit dem Zitronensaft glatt rühren.

MIT PUTE UND JOGHURTDRESSING

S

125 g Weißkohl (ohne Strunk)
125 g Rotkohl (ohne Strunk)
100 g Möhren, 2 Frühlingszwiebeln
2 EL Weißweinessig
1 EL heller flüssiger Honig
Salz, Pfeffer
150 g Naturjoghurt (10 % Fett)
2 EL Zitronensaft
100 g geräucherte Putenbrust
(in dünnen Scheiben)
30 g gemischte Getreideflocken

37 % KH, 5 % BST, 32 % F, 26 % EW

Zubereitung wie beim Mischtyp, jedoch mit einem Dressing aus Joghurt und Zitronensaft statt saurer Sahne und Frischkäse sowie Putenbrust statt Melone. Den Joghurt mit dem Zitronensaft glatt rühren. Die Putenbrust zusammen mit dem Krautsalat und dem Dressing anrichten.

VERBRENNERTYPEN ERHÖHEN DURCH MEHR MELONE UND GETREIDEFLOCKEN DEN KOHLENHYDRATANTEIL. SPEICHERTYPEN ERHÖHEN MIT PUTENBRUST DEN EIWEISSANTEIL.

GEMÜSEROHKOST

MIT LINSEN-JOGHURT-CREME

60 g rote Linsen
300 g gemischtes Gemüse (z.B.
Kohlrabi, Möhre, Fenchel, Petersilienwurzel, Paprikaschote)
1 EL Pinienkerne
2 EL Balsamico bianco
1 EL Apfeldicksaft
Salz, Pfeffer
1 EL Rapsöl
50 g Naturjoghurt (0,1 % Fett)
2 Frühlingszwiebeln
1 großer Apfel

47 % KH, 7 % BST, 29 % F, 17 % EW

1   Die Linsen mit 175 ml Wasser in einem kleinen Topf aufkochen
und zugedeckt bei mittlerer Hitze ca. 10 Min. weich garen.
2   Das Gemüse putzen, je nach Sorte waschen oder schälen und in
1–2 cm große Würfel oder in Streifen schneiden. Die Pinienkerne
in einer kleinen Pfanne ohne Fett goldbraun anrösten, herausnehmen und abkühlen lassen.
3   Linsen in ein Sieb abgießen, abtropfen lassen und dabei den
Kochsud auffangen. Die Linsen in einer Schüssel kräftig durch-
rühren und zerkleinern. Essig, Apfeldicksaft, etwas Salz und
Pfeffer, Öl und Joghurt hinzufügen und alles gut verrühren.
Frühlingszwiebeln putzen, waschen und in Ringe schneiden.
Einige Ringe für die Deko beiseitelegen, den Rest unter die
Linsen mengen. Die Linsenmasse nochmals mit Salz und Pfeffer
abschmecken und eventuell für eine cremigere Konsistenz noch
etwas Linsen-Kochsud unterrühren.
4   Apfel waschen, trocken reiben, vierteln und entkernen. Die
Apfelviertel wie das Gemüse klein schneiden und mit diesem
mischen. Die Rohkost zusammen mit der Linsencreme auf einem
Teller anrichten. Mit Pinienkernen und den übrigen Frühlingszwiebelringen bestreuen.

MIT LINSEN-ROSINEN-CREME

60 g rote Linsen
300 g gemischtes Gemüse (z.B. Kohlrabi, Möhre,
Fenchel, Petersilienwurzel, Paprikaschote)
1 EL Pinienkerne
3 EL Balsamico bianco, 1 EL Apfeldicksaft
Salz, Pfeffer, 1 EL Rapsöl
1 EL Rosinen, 2 Frühlingszwiebeln, 1 großer Apfel

56 % KH, 7 % BST, 23 % F, 14 % EW

Zubereitung wie beim Mischtyp, jedoch ohne
Joghurt und mit Rosinen. Die Rosinen statt des
Joghurts mit den übrigen Zutaten unter die
Linsencreme rühren. Nach Belieben zuvor
ca. 10 Min. in heißem Wasser einweichen und
abtropfen lassen.

MIT LINSEN-JOGHURT-CREME UND RÄUCHERFISCH

60 g rote Linsen
300 g gemischtes Gemüse (z.B. Kohlrabi, Möhre,
Fenchel, Petersilienwurzel, Paprikaschote)
1 EL Pinienkerne, 3 EL Balsamico bianco
1 EL Apfeldicksaft, Salz, Pfeffer, 1 EL Rapsöl
50 g Naturjoghurt (1,5 % Fett), 2 Frühlingszwiebeln
1 Stück Räucherforelle (ca. 60 g)

37 % KH, 6 % BST, 31 % F, 26 % EW

Zubereitung wie beim Mischtyp, jedoch mit Rä-
cherforelle statt Apfel. Die Forelle in kleine Stücke
schneiden und diese mit der Rohkost mischen.

FÜR VERBRENNERTYPEN
GIBT ES ROSINEN IN DER
CREME, FÜR SPEICHERTYPEN
FORELLE IN DER ROHKOST.

GEMÜSEWRAPS

MIT PUTENBRUST

2 Frühlingszwiebeln
1 rote Paprikaschote
2 EL Cashewkerne
1 TL Rapsöl
Salz, Pfeffer
1 Handvoll Blattspinat
4 große Salatblätter
(z. B. Kopfsalat)
8 Reispapierblätter
(à ca. 22 cm Ø; ca. 70 g)
100 g geräucherte Putenbrust
(in dünnen Scheiben)

51 % KH, 2 % BST, 27 % F, 20 % EW

1 Frühlingszwiebeln putzen, waschen und in feine Ringe schneiden. Die Paprikaschote vierteln, entkernen, waschen und quer in schmale Streifen schneiden. Die Cashewkerne grob hacken.

2 Das Öl in einer Pfanne erhitzen und die Cashewkerne darin anrösten. Frühlingszwiebeln und Paprika dazugeben und bei mittlerer Hitze ca. 5 Min. unter Rühren braten. Mit Salz und Pfeffer würzen, dann abkühlen lassen.

3 Den Spinat verlesen, waschen, von groben Stielen befreien und trocken schütteln. Die Salatblätter waschen und gut trocken schütteln, den dicken Mittelstrunk keilförmig herausschneiden.

4 Je 2 Reispapierblätter zusammen in lauwarmem Wasser einweichen, bis sie geschmeidig sind. Die Blätter auf der Arbeitsfläche aufeinanderlegen und je ein Viertel des Spinats, der Putenbrust und des Gemüses als Streifen auf eine Seite des Reispapiers legen, dabei rechts und links einen Rand frei lassen. Die Seiten nach innen über die Füllung schlagen, das Reispapier von der Seite mit der Füllung her aufrollen. Zum Schluss die Rolle in ein Salatblatt hüllen. Aus den übrigen Zutaten auf die gleiche Weise 3 weitere Rollen zubereiten.

MIT PUTENBRUST

2 Frühlingszwiebeln, 1 rote Paprikaschote
1 TL Rapsöl, 2 EL Cashewkerne
1 EL Honig, Salz, Pfeffer
1 Handvoll Blattspinat
4 große Salatblätter (z. B. Kopfsalat)
8 Reispapierblätter (à ca. 22 cm Ø; ca. 70 g)
50 g geräucherte Putenbrust (in dünnen Scheiben)

58 % KH, 2 % BST, 27 % F, 13 % EW

Zubereitung wie beim Mischtyp, jedoch mit Honig. Den Honig unter das gebratene Gemüse mischen.

MIT PUTENBRUST UND FRISCHKÄSE

2 Frühlingszwiebeln, 1 rote Paprikaschote
1 TL Rapsöl, 2 EL Cashewkerne, Salz, Pfeffer
1 TL Honig, 1 Handvoll Blattspinat
4 große Salatblätter (z. B. Kopfsalat)
4 Reispapierblätter (à ca. 22 cm Ø; ca. 35 g)
100 g geräucherte Putenbrust (in dünnen
Scheiben), 50 g körniger Frischkäse (20 % Fett i. Tr.)

39 % KH, 2 % BST, 33 % F, 26 % EW

Zubereitung wie beim Mischtyp, jedoch mit Honig sowie Frischkäse und weniger Reispapier. Den Honig unter das gebratene Gemüse mischen. Für jede Rolle nur 1 Reispapierblatt nehmen und zusätzlich beim Aufrollen etwas Frischkäse mit in die Rollen geben.

SCHLANKE RÖLLCHEN: WENIGER PUTENBRUST
UND HONIG FÜR VERBRENNER-, WENIGER REISPAPIER
UND EXTRA FRISCHKÄSE FÜR SPEICHERTYPEN.

GEMÜSESTICKS

MIT QUARK-ANANAS-DIP

 M

400 g gemischtes Gemüse
(z.B. Staudensellerie, Möhre,
Paprikaschote, Pastinake)
1 EL gehackte Mandeln
3 EL kernige Getreideflocken
100 g Ananas (ohne Schale)
3–4 Zweige Minze
150 g Speisequark (20 % Fett)
1 EL Rübenkraut
Salz, Pfeffer
Currypulver (nach Belieben
mild oder scharf)
Zimtpulver

47 % KH, 7 % BST, 25 % F, 21 % EW

1 Das Gemüse putzen, je nach Sorte waschen oder schälen und in dünne, lange Streifen schneiden. Die Gemüsestreifen in ein Glas oder einen Becher stellen.

2 Die Mandeln und die Getreideflocken zusammen in einer kleinen beschichteten Pfanne ohne Fett goldgelb anrösten und abkühlen lassen.

3 Die Ananas vom harten Mittelstrunk befreien und in sehr kleine Würfel schneiden. Die Minze waschen und trocken tupfen, die Blätter abzupfen und fein hacken.

4 Den Quark mit Rübenkraut, Ananas und Minze in einem Schälchen verrühren. Den Dip mit Salz, Pfeffer, etwas Curry- und 1 Prise Zimtpulver abschmecken, mit der Mandel-Getreideflocken-Mischung bestreuen und zusammen mit den Gemüsesticks anrichten.

MIT JOGHURT-ANANAS-DIP

 V

500 g gemischtes Gemüse (z.B. Staudensellerie,
Möhre, Paprikaschote, Pastinake)
1 EL gehackte Mandeln
3 EL kernige Getreideflocken
100 g Ananas (ohne Schale)
3–4 Zweige Minze
150 g Naturjoghurt (3,5 % Fett)
1 EL Rübenkraut
Salz, Pfeffer, Currypulver (nach Belieben mild
oder scharf), Zimtpulver

55 % KH, 7 % BST, 24 % F, 14 % EW

Zubereitung wie beim Mischtyp, jedoch mit
Joghurt statt Quark im Dip.

MIT QUARK-ANANAS-DIP

S

400 g gemischtes Gemüse (z.B. Staudensellerie,
Möhre, Paprikaschote, Pastinake)
1 EL gehackte Mandeln
3 EL kernige Getreideflocken
100 g Ananas (ohne Schale)
3–4 Zweige Minze
250 g Speisequark (20 % Fett)
Salz, Pfeffer
Currypulver (nach Belieben mild oder scharf)
Zimtpulver

36 % KH, 6 % BST, 31 % F, 27 % EW

Zubereitung wie beim Mischtyp, jedoch ohne
Rübenkraut im Dip.

JOGHURT STATT QUARK UND MEHR GEMÜSE ERHÖHEN BEI DER VERBRENNER-VARIANTE DIE KOHLENHYDRATE UND REDUZIEREN DAS EIWEISS.

OBSTSALAT

MIT VANILLEQUARK

 M

1 EL Mandelblättchen
150 g Speisequark (20 % Fett)
50 ml Milch (3,5 % Fett)
2 EL Ahornsirup
½ TL Vanillepulver
Zimtpulver
1 kleiner Apfel
2 EL Zitronensaft
1 Kiwi
100 g Erdbeeren
100 g kernlose Weintrauben

47 % KH, 3 % BST, 30 % F, 20 % EW

1 Die Mandelblättchen in einer Pfanne ohne Fett anrösten und abkühlen lassen. Den Quark mit Milch, Ahornsirup, Vanille und 1 Prise Zimtpulver glatt rühren.
2 Den Apfel waschen, trocken reiben und vierteln, das Kerngehäuse entfernen. Die Apfelviertel quer in dünne Scheiben schneiden und diese sofort mit dem Zitronensaft beträufeln. Die Kiwi schälen, halbieren und in dünne Scheiben schneiden. Die Erdbeeren waschen, putzen und in kleine Stücke schneiden. Die Weintrauben waschen und von den Stielen zupfen.
3 Die Früchte mit dem Vanillequark anrichten und mit den gerösteten Mandelblättchen bestreuen.

MIT VANILLEJOGHURT

 V

1 EL Mandelblättchen
200 g Naturjoghurt (3,5 % Fett)
50 ml Milch (3,5 % Fett)
1 EL kernige Haferflocken
2 EL Ahornsirup, ½ TL Vanillepulver, Zimtpulver
1 kleiner Apfel, 1 Kiwi
100 g Erdbeeren, 100 g Heidelbeeren
100 g kernlose Weintrauben

54 % KH, 5 % BST, 29 % F, 12 % EW

Zubereitung wie beim Mischtyp, jedoch mit Joghurt statt Quark und Haferflocken sowie Heidelbeeren. Die Haferflocken mit Joghurt, Milch, Ahornsirup, Vanille und 1 Prise Zimtpulver glatt rühren. Die Heidelbeeren verlesen, waschen, trocken tupfen und mit den anderen Früchten anrichten.

MIT VANILLEQUARK

S

1 EL Mandelblättchen
150 g Speisequark (20 % Fett)
75 g körniger Frischkäse (20 % Fett i. Tr.)
50 ml Milch (3,5 % Fett)
2 EL Ahornsirup, ½ TL Vanillepulver, Zimtpulver
1 kleiner Apfel, 2 EL Zitronensaft
100 g Erdbeeren
100 g kernlose Weintrauben

41 % KH, 2 % BST, 32 % F, 25 % EW

Zubereitung wie beim Mischtyp, jedoch zusätzlich mit körnigem Frischkäse und ohne Kiwi. Den körnigen Frischkäse mit Quark, Milch, Ahornsirup, Vanille und 1 Prise Zimtpulver glatt rühren.

 Tipp Auch andere Obstsorten eignen sich für den Salat. Lediglich sehr zuckerreiche Früchte – wie etwa Bananen – passen zwar für den Verbrennertyp, nicht aber für den Speichertyp.

MIT ZUSÄTZLICHEN HEIDELBEEREN UND
JOGHURT STATT QUARK WIRD'S VERBRENNER-
TAUGLICH, OHNE KIWI UND MIT FRISCHKÄSE
OPTIMAL FÜR SPEICHERTYPEN.

... UND JETZT AB IN TOPF UND PFANNE!

WARMES

ETWAS WARMES BRAUCHT DER MENSCH. WER KENNT DIESEN SPRUCH NICHT? AUCH WENN ES ERNÄHRUNGSPHYSIO-LOGISCH NICHT NÖTIG IST, FÜHLEN WIR UNS WOHL, WENN ETWAS WARMES AUF DEN TELLER KOMMT.

Soll ich warm oder kalt essen? Das ist eine Frage deines persönlichen Lebensstils, deines Geschmacks und deiner Gewohnheiten. Mit den Deutschlank-Rezepten kannst du selbst entscheiden, wann du etwas Warmes zubereiten möchtest und wann etwas Kaltes besser passt. Ein Mix aus beidem macht deine Ernährung abwechslungsreicher. Manche Aromen entfalten ihren Geschmack erst beim Erhitzen, vieles wird nur durch Kochen oder Braten bekömmlich. Für die meisten gehört warmes Essen zur deutschen Esskultur, vermittelt uns ein wohliges Gefühl von Geborgenheit. Warme Mahlzeiten wecken Kindheitserinnerungen und wärmen sprichwörtlich das Herz.

Unser Tipp

Kartoffeln kannst du figurschonend zubereiten, indem du sie nach dem Kochen kalt werden lässt und später noch mal aufwärmst. Dabei entsteht resistente Stärke, die im Körper als Ballaststoff wirkt. Das vermindert den Kohlenhydratgehalt und hat damit eine positive Wirkung auf den Blutzuckerspiegel. Das gilt auch für Reis und Nudeln. So hat die klassische Resteverwertung auch einen Schlankmacher-Effekt.

OMAS LINSENTOPF

 1x HEUTE, 1x MORGEN

MIT ROSENKOHL UND KASSELER

M

2 Zwiebeln, 2 EL Rapsöl
120 g Belugalinsen (oder andere
kleine dunkle Linsen)
½ l Gemüsebrühe
350 g Rosenkohl
100 g Pastinake
70 g mageres Kasseler
(ohne Knochen)
50 g getrocknete Äpfel
Salz, Pfeffer
3 EL Apfeldicksaft

46 % KH, 7 % BST, 27 % F, 20 % EW

1 Die Zwiebeln schälen und in Spalten schneiden. Das Öl erhitzen und die Zwiebeln darin leicht anbraten. Die Linsen und die Gemüsebrühe dazugeben, alles aufkochen und zugedeckt bei mittlerer Hitze 10 Min. weich garen.

2 Rosenkohl putzen, von den äußeren Blättern befreien und waschen. Von 2 Röschen die Blätter für die Deko ablösen, die übrigen Röschen vierteln. Pastinake schälen und würfeln. Das Kasseler in kleine Würfel schneiden. Die getrockneten Äpfel ebenfalls klein schneiden.

3 Rosenkohl, Pastinake, Kasseler und Äpfel zu den Linsen geben und 10 Min. weitergaren. Eintopf mit Salz, Pfeffer und Apfeldicksaft abschmecken. Mit abgelösten Rosenkohlblättchen garnieren. 1 Portion sofort genießen, die andere aufbewahren.

MIT ROSENKOHL UND REIS

 V

2 Zwiebeln
2 EL Rapsöl
80 g Belugalinsen
(oder andere kleine dunkle Linsen)
½ l Gemüsebrühe
350 g Rosenkohl
50 g getrocknete Äpfel
Salz, Pfeffer
3 EL Apfeldicksaft
160 g gekochter Parboiled Reis

53 % KH, 5 % BST, 26 % F, 16 % EW

Zubereitung wie beim Mischtyp, jedoch ohne Kasseler und mit gekochtem Reis. Den Reis zum Schluss im Eintopf mit erhitzen. 1 Portion sofort genießen, die andere aufbewahren.

MIT ROSENKOHL UND KASSELER

S

2 Zwiebeln
2 EL Rapsöl
120 g Belugalinsen
(oder andere kleine dunkle Linsen)
½ l Gemüsebrühe
300 g Rosenkohl
120 g mageres gekochtes Kasseler (ohne Knochen)
50 g getrocknete Äpfel
Salz, Pfeffer
1 EL Sonnenblumenkerne

36 % KH, 7 % BST, 32 % F, 25 % EW

Zubereitung wie beim Mischtyp, jedoch ohne Apfeldicksaft und mit Sonnenblumenkernen. Die Sonnenblumenkerne in einer Pfanne ohne Fett anrösten und auf den fertigen Eintopf streuen. 1 Portion sofort genießen, die andere aufbewahren.

FÜR VERBRENNERTYPEN REDUZIERT SICH OHNE KASSELER UND MIT WENIGER LINSEN DER EIWEISSGEHALT, GEKOCHTER REIS LIEFERT VIELE KOHLENHYDRATE. SPEICHERTYPEN NEHMEN MEHR FLEISCH UND WENIGER ROSENKOHL.

BOHNENEINTOPF

MIT BIRNEN UND SCHINKEN

 M

250 g festkochende Kartoffeln
Salz
500 g grüne Bohnen
6 Stiele Bohnenkraut
½ l Gemüsebrühe
3 kleine feste Birnen (ca. 600 g)
1 TL Speisestärke
120 g magerer gekochter
Schinken (in Würfeln)
Pfeffer

47 % KH, 5 % BST, 28 % F, 20 % EW

1 Die Kartoffeln schälen, waschen und in 3–4 cm große Würfel schneiden. Die Kartoffelwürfel in wenig Salzwasser 10–15 Min. sehr bissfest garen, abgießen und abkühlen lassen.

2 Die Bohnen putzen, waschen und je nach Größe etwas kleiner schneiden. Das Bohnenkraut waschen. Beides mit der Brühe in einem breiten Topf aufkochen und zugedeckt bei mittlerer Hitze ca. 10 Min. köcheln lassen. Inzwischen die Birnen waschen und vierteln, die Kerngehäuse entfernen.

3 Die Kartoffeln zu den Bohnen geben, die Birnen darauflegen und alles noch ca. 5 Min. weitergaren. Die Birnen vorsichtig auf tiefe Teller heben. Das Bohnenkraut aus dem Topf entfernen.

4 Die Speisestärke mit wenig kaltem Wasser glatt rühren. Die Mischung unter Rühren zu den Bohnen in den Topf geben und alles noch einmal aufkochen lassen. Die Schinkenwürfel unterrühren. Den Eintopf mit Salz und Pfeffer abschmecken und über die Birnen geben. 1 Portion sofort genießen, die andere aufbewahren.

MIT BIRNEN UND WALNÜSSEN

V

300 g festkochende Kartoffeln
500 g grüne Bohnen
6 Stiele Bohnenkraut
½ l Gemüsebrühe
3 kleine feste Birnen (ca. 600 g)
1 TL Speisestärke
Salz, Pfeffer, 40 g Walnusskerne

54 % KH, 5 % BST, 29 % F, 12 % EW

Zubereitung wie beim Mischtyp, jedoch ohne Schinken und mit Walnüssen. Die Walnüsse am Schluss auf die Suppe streuen. 1 Portion sofort genießen, die andere aufbewahren.

MIT BIRNEN UND SCHINKEN

S

500 g grüne Bohnen
6 Stiele Bohnenkraut
½ l Gemüsebrühe
3 kleine feste Birnen (ca. 600 g)
1 TL Speisestärke
150 g magerer gekochter Schinken (in Würfeln)
Salz, Pfeffer

38 % KH, 5 % BST, 33 % F, 24 % EW

Zubereitung wie beim Mischtyp, jedoch ohne Kartoffeln. 1 Portion sofort genießen, die andere aufbewahren.

 Tipp Ein Stück näher am Originalrezept „Birnen, Bohnen und Speck" ist der Eintopf, wenn man den gekochten Schinken durch magere rohe Schinkenwürfel ersetzt.

VERBRENNERTYPEN
VERZICHTEN AUF
SCHINKEN UND
REICHERN DEN EINTOPF
MIT WALNÜSSEN AN.
SPEICHERTYPEN
LASSEN DIE KOHLEN-
HYDRATREICHEN
KARTOFFELN WEG.

PICHELSTEINER

1x HEUTE, 1x MORGEN

MIT STEAK UND KARTOFFELN

 M

150 g Rinder- oder Kalbssteak
Salz, Pfeffer, 1 große Zwiebel
300 g festkochende Kartoffeln
1 Stange Lauch
200 g Weißkohl
160 g Knollensellerie
160 g Möhren
160 g Petersilienwurzeln
2 EL Rapsöl
1 TL getrockneter Majoran
frisch geriebene Muskatnuss
etwas gehackte Petersilie
100 g Vollkorn- oder Körnerbrot
(in Scheiben)

47 % KH, 6 % BST, 25 % F, 22 % EW

1 Das Fleisch in 2 cm große Würfel schneiden und rundum mit Salz und Pfeffer würzen.
2 Die Zwiebel schälen und in kleine Würfel schneiden. Die Kartoffeln schälen, waschen und in ca. ½ cm dicke Scheiben schneiden. Den Lauch putzen, waschen und in Ringe schneiden. Vom Weißkohl die äußeren Blätter entfernen und den harten Strunk herausschneiden. Den Kohl in feine Streifen schneiden oder hobeln. Sellerie, Möhren und die Petersilienwurzeln putzen, schälen und in kleine Würfel schneiden.
3 Das Öl in einem Topf erhitzen und die Zwiebelwürfel darin leicht goldgelb anbraten. Die übrigen vorbereiteten Zutaten sowie den Majoran und etwas Muskatnuss dazugeben. ½ l Wasser angießen, alles aufkochen und zugedeckt bei mittlerer Hitze ca. 30 Min. garen. Den Eintopf nochmals mit Salz und Pfeffer abschmecken und mit Petersilie garnieren. 1 Portion sofort genießen, die andere aufbewahren. Das Brot dazu essen.

AUF VEGGIE-ART

V

1 große Zwiebel, 300 g festkochende Kartoffeln
1 Stange Lauch
je 200 g Weißkohl, Knollensellerie, Möhren und
Petersilienwurzeln
2 EL Rapsöl, Salz, Pfeffer
1 TL getrockneter Majoran
frisch geriebene Muskatnuss
etwas gehackte Petersilie
1 EL Mandelstifte oder -blättchen
100 g Vollkorn- oder Körnerbrot
(in Scheiben)

54 % KH, 7 % BST, 25 % F, 14 % EW

Zubereitung wie beim Mischtyp, jedoch ohne Fleisch und mit gerösteten Mandeln bestreut. Evtl. mehr Wasser angießen und Kartoffeln und Gemüse nur ca. 20 Min. bissfest garen. 1 Portion sofort genießen, die andere aufbewahren.

MIT STEAK

S

200 g Rinder- oder Kalbssteak
Salz, Pfeffer
1 große Zwiebel, 1 Stange Lauch
je 200 g Weißkohl, Knollensellerie, Möhren und
Petersilienwurzeln
2 EL Rapsöl
1 TL getrockneter Majoran
frisch geriebene Muskatnuss
etwas gehackte Petersilie
100 g Vollkorn- oder Körnerbrot
(in Scheiben)

37 % KH, 6 % BST, 30 % F, 27 % EW

Zubereitung wie beim Mischtyp, jedoch ohne Kartoffeln. Außerdem das Gemüse nur gerade bissfest garen. 1 Portion sofort genießen, die andere aufbewahren.

FÜR VERBRENNERTYPEN GIBT'S EINE
EIWEISSREDUZIERTE VEGGIE-VARIANTE,
FÜR SPEICHERTYPEN EINE KOHLENHYDRAT-
ÄRMERE VERSION OHNE KARTOFFELN.

FRIKADELLEN

1x HEUTE, 1x MORGEN

MIT KARTOFFEL-GEMÜSE-STAMPF UND APFELSAUCE

 M

500 g mehligkochende
Kartoffeln, 300 g Möhren
100 g Knollensellerie, Salz
60 g Toastbrot oder altbackenes
Vollkornbrot bzw. -brötchen
1 Zwiebel, 2 EL Rapsöl
1 Ei (Größe S)
180 g mageres Rinderhack-
fleisch
1 TL getrockneter Thymian
Pfeffer, 200 g Äpfel
2 EL gehackte Petersilie

48 % KH, 4 % BST, 27 % F, 21 % EW

1 Kartoffeln, Möhren und Sellerie schälen und grob würfeln. Kartoffeln und Gemüse in wenig Salzwasser ca. 20 Min. garen.
2 Toastbrot 5 Min. in warmem Wasser einweichen. Zwiebel schälen, fein würfeln und in 2 TL Öl andünsten. Toastbrot ausdrücken und mit Zwiebel, Ei und Hackfleisch mischen und mit Thymian, Salz und Pfeffer würzen und 4 Frikadellen daraus formen.
3 Restliches Öl in der Pfanne erhitzen und die Frikadellen darin unter mehrmaligem Wenden ca. 15 Min. braten.
4 Die Kartoffelmischung abgießen, dabei das Kochwasser auffangen. Die Kartoffelmischung im Topf mit einem Kartoffelstampfer zerdrücken, mit Salz und Pfeffer würzen und warm halten.
5 Die Äpfel waschen, entkernen und in kleine Würfel schneiden. Frikadellen herausnehmen. 150 ml Kochwasser in die Pfanne gießen, Bratensatz unter Rühren lösen. 2–3 EL Stampf dazugeben und aufkochen. In einem Rührbecher mit dem Stabmixer pürieren, zurück in die Pfanne geben. Äpfel untermischen und Sauce mit Salz und Pfeffer abschmecken. Frikadellen, Stampf und Sauce zusammen anrichten, den Stampf mit der Petersilie bestreuen. 1 Portion sofort genießen, die andere aufbewahren.

MIT KARTOFFEL-MÖHREN-STAMPF UND APFELSAUCE

V

300 g mehligkochende Kartoffeln, 400 g Möhren
Salz, 75 g Vollkorntoastbrot
1 Zwiebel, 1 EL Rapsöl, 1 Ei (Größe S)
100 g mageres Rinderhackfleisch
1 TL getrockneter Thymian, Pfeffer
250 g Äpfel, 1 EL Apfeldicksaft
2 EL gehackte Petersilie
1 EL gehackte Walnüsse

55 % KH, 5 % BST, 23 % F, 17 % EW

Zubereitung wie beim Mischtyp ohne Sellerie im Stampf und mit Apfeldicksaft sowie Walnüssen. Apfeldicksaft unter die Sauce rühren, die Walnüsse zum Schluss auf das Gericht streuen. 1 Portion sofort genießen, die andere aufbewahren.

MIT MÖHREN-SELLERIE-STAMPF UND APFELSAUCE

S

400 g Möhren, 400 g Knollensellerie
Salz, 75 g Vollkorntoastbrot, 1 Zwiebel (ca. 85 g)
2 EL Rapsöl, 1 Ei (Größe S)
250 g mageres Rinderhackfleisch
1½ TL getrockneter Thymian
Pfeffer, 250 g Äpfel
1 EL Rosinen
2 EL gehackte Petersilie

39 % KH, 7 % BST, 30 % F, 24 % EW

Zubereitung wie beim Mischtyp, jedoch ohne Kartoffeln im Stampf und mit Rosinen. Die Rosinen unter die Sauce rühren. 1 Portion sofort genießen, die andere aufbewahren.

MIT APFELDICKSAFT, WALNÜSSEN UND STAMPF
OHNE SELLERIE WIRD ES FÜR VERBRENNERTYPEN
KOHLENHYDRATREICHER.

MINUTENSCHNITZEL

MIT BRATKARTOFFELN UND RADIESCHENSALAT

4 Zweige Thymian
1 Knoblauchzehe
300 g gegarte festkochende
Kartoffeln (vom Vortag; mit
Schale)
1½ EL Rapsöl
Salz, Pfeffer
300 g Radieschen (mit Grün)
3 EL Zitronensaft
1½ EL Apfeldicksaft
80 g Minutenschnitzel vom
Schwein

49 % KH, 3 % BST, 28 % F, 20 % EW

1 Thymian waschen und trocken schütteln, die Blättchen abstreifen. Den Knoblauch schälen und fein hacken.
2 Kartoffeln pellen und in ca. ½ cm dicke Scheiben schneiden. 2 TL Öl in einer beschichteten Pfanne erhitzen. Die Kartoffeln darin bei mittlerer Hitze unter mehrmaligem Wenden rundum goldbraun braten, dabei zwischendurch mit Thymian, Knoblauch, Salz und Pfeffer würzen.
3 Radieschen mitsamt Grün waschen. Das Grün abschneiden, verlesen, von groben Stielen befreien und fein hacken. Die Radieschen putzen, in Spalten oder Scheiben schneiden und in einer Schüssel mit etwas Salz und Pfeffer, Zitronensaft und Apfeldicksaft vermischen. Das Radieschengrün untermischen und den Salat nochmals mit Salz und Pfeffer abschmecken.
4 Restliches Öl in einer Pfanne erhitzen. Das Minutenschnitzel darin bei starker Hitze auf jeder Seite 1–2 Min. kräftig anbraten. Das Schnitzel mit Salz und Pfeffer würzen und mit den Bratkartoffeln und dem Radieschensalat anrichten.

MIT BRATKARTOFFELN UND RADIESCHENSALAT

4 Zweige Thymian, 1 Knoblauchzehe
350 g gegarte festkochende Kartoffeln
(vom Vortag; mit Schale)
1½ EL Rapsöl, Salz, Pfeffer
300 g Radieschen (mit Grün)
3 EL Zitronensaft
1½ EL Apfeldicksaft
60 g Minutenschnitzel vom Schwein

57 % KH, 3 % BST, 25 % F, 15 % EW

Zubereitung wie beim Mischtyp.

MIT PFANNENGEMÜSE UND RADIESCHENSALAT

4 Zweige Thymian, 1 Knoblauchzehe
180 g Möhren, 180 g Pastinaken
1 große Zwiebel
1½ EL Rapsöl, Salz, Pfeffer
300 g Radieschen (mit Grün)
3 EL Zitronensaft
1½ EL Apfeldicksaft
120 g Minutenschnitzel vom Schwein

37 % KH, 5 % BST, 32 % F, 26 % EW

Zubereitung Radieschensalat und Schnitzel wie beim Mischtyp. Statt der Bratkartoffeln gibt es Pfannengemüse. Dafür Kräuter und Gemüse vorbereiten, in Stücke schneiden und in 2 TL Öl in einer beschichteten Pfanne 20–25 Min. unter Wenden bissfest braten und würzen.

MEHR BRATKARTOFFELN UND WENIGER FLEISCH – DANN KÖNNEN SICH AUCH VERBRENNERTYPEN EIN SCHNITZEL GÖNNEN. PFANNENGEMÜSE STATT BRATKARTOFFELN UND MEHR FLEISCH SIND DIE ALTERNATIVE FÜR SPEICHERTYPEN.

RAHMGULASCH

1x HEUTE, 1x MORGEN

MIT PUTE UND MÖHRENROHKOST

 M

300 g Zwiebeln
180 g Putenbrustfilet
2 grüne Paprikaschoten
1½ EL Rapsöl, Salz, Pfeffer
Paprikapulver (edelsüß)
1 EL Weizenmehl (Type 1050)
2 EL Tomatenmark
275 g Möhren
1 kleiner Apfel
3 EL Zitronensaft
2 EL flüssiger Honig
200 g Spätzle (aus dem Kühlregal), 50 g Schmand

46 % KH, 3 % BST, 28 % F, 23 % EW

1 Zwiebeln schälen, in Spalten schneiden. Das Putenbrustfilet waschen, trocken tupfen und in Würfel schneiden. Paprikaschoten,
entkernen, waschen und in ca. 1 cm breite Streifen schneiden.

2 Etwa 2 TL Öl in einem Topf erhitzen, die Zwiebeln darin rundum goldbraun anbraten. Fleisch und Paprika dazugeben und
ebenfalls rundum anbraten. Mit Salz, Pfeffer und Paprikapulver
würzen. Das Mehl darüberstreuen und kurz anschwitzen. Dann
unter Rühren 300 ml Wasser hinzufügen und das Tomatenmark
einrühren. Aufkochen und zugedeckt bei schwacher Hitze ca.
15 Min. köcheln lassen.

3 Möhren putzen und schälen. Apfel waschen, trocken reiben, vierteln und entkernen. Möhren und Apfel auf der Gemüsereibe grob
raspeln. Mit restlichem Öl, Zitronensaft und Honig vermengen,
mit Salz und Pfeffer abschmecken. Die Spätzle in kochendem
Salzwasser nach Packungsanweisung erhitzen.

4 Schmand unter das Gulasch rühren, aufkochen und mit Salz,
Pfeffer und Paprikapulver abschmecken. Das Gulasch mit den
Spätzle und der Möhrenrohkost anrichten. 1 Portion sofort
genießen, die andere aufbewahren.

MIT PILZEN UND MÖHRENROHKOST

V

300 g Zwiebeln, 250 g feste Champignons
2 grüne Paprikaschoten
1½ EL Rapsöl, Salz, Pfeffer
Paprikapulver (edelsüß)
1 EL Weizenmehl (Type 1050)
2 EL Tomatenmark
275 g Möhren, 1 kleiner Apfel
3 EL Zitronensaft, 2 EL flüssiger Honig
300 g Spätzle (aus dem Kühlregal), 50 g Schmand

55 % KH, 4 % BST, 29 % F, 12 % EW

Zubereitung wie beim Mischtyp, jedoch ohne
Putenfleisch und mit Champignons. Die Champignons putzen, je nach Größe halbieren oder vierteln und mit den Paprikastücken anbraten. 1 Portion sofort genießen, die andere aufbewahren.

MIT PUTE UND MÖHRENROHKOST

S

300 g Zwiebeln, 200 g Putenbrustfilet
2 grüne Paprikaschoten
1½ EL Rapsöl, Salz, Pfeffer
Paprikapulver (edelsüß)
1 EL Weizenmehl (Type 1050)
2 EL Tomatenmark
275 g Möhren, 1 kleiner Apfel
3 EL Zitronensaft, 1 EL Walnussöl
200 g Spätzle (aus dem Kühlregal), 50 g Schmand

38 % KH, 3 % BST, 35 % F, 24 % EW

Zubereitung wie beim Mischtyp, jedoch ohne
Honig und mit Walnussöl in der Rohkost. 1 Portion
sofort genießen, die andere aufbewahren.

PILZE ERSETZEN BEI DER VERBRENNER-
VARIANTE DAS PUTENFLEISCH IM
GULASCH, WALNUSSÖL BEIM SPEICHER-
TYP DEN HONIG IN DER ROHKOST.

GESCHNETZELTES

MIT HÄHNCHEN UND PILZEN

M

400 g gemischte Pilze (z.B. Champignons, Austernpilze, Kräuterseitlinge, Pfifferlinge)
1 Bund Frühlingszwiebeln
150 g Hähnchenbrustfilet
160 g Parboiled Langkornreis
Salz, 2 EL Rapsöl, Pfeffer
½ TL Wacholderbeeren (angedrückt)
300 ml Gemüsebrühe
2 EL gemischte gehackte Kräuter (z.B. TK-Salatkräuter)
40 g Doppelrahmfrischkäse

46 % KH, 3 % BST, 29 % F, 22 % EW

1 Die Pilze putzen, trocken abreiben und in grobe Stücke schneiden. Die Frühlingszwiebeln putzen, waschen und schräg in dünne Ringe schneiden. Das Hähnchenbrustfilet waschen, trocken tupfen und in feine Streifen schneiden.

2 Den Reis in Salzwasser nach Packungsweisung garen. Inzwischen 1 EL Öl in einer Pfanne erhitzen und das Fleisch darin bei mittlerer Hitze rundum goldbraun anbraten. Mit Salz und Pfeffer würzen und aus der Pfanne nehmen. Das restliche Öl in der Pfanne erhitzen und die Pilze mit den Frühlingszwiebeln darin anbraten. Mit Salz, Pfeffer und Wacholderbeeren würzen, die Gemüsebrühe angießen und alles zugedeckt bei mittlerer Hitze 10 Min. köcheln lassen.

3 Den Reis, falls nötig, abtropfen lassen und mit den Kräutern mischen. Das Fleisch und den Frischkäse zu den Pilzen in die Pfanne geben und alles nochmals kurz aufkochen lassen. Das Geschnetzelte mit dem Reis anrichten. 1 Portion sofort genießen, die andere aufbewahren.

MIT PILZEN

V

400 g gemischte Pilze (z.B. Champignons, Austernpilze, Kräuterseitlinge, Pfifferlinge)
1 Bund Frühlingszwiebeln
200 g Parboiled Langkornreis
Salz, 2 ½ EL Rapsöl, Pfeffer
½ TL Wacholderbeeren (angedrückt)
300 ml Gemüsebrühe
2 EL gemischte gehackte Kräuter (z.B. TK-Salatkräuter)
40 g Frischkäse mit Joghurt (14 % Fett i.Tr.)

59 % KH, 3 % BST, 26 % F, 12 % EW

Zubereitung wie beim Mischtyp, jedoch ohne Hähnchenbrust. 1 Portion sofort genießen, die andere aufbewahren.

MIT HÄHNCHEN UND PILZEN

S

400 g gemischte Pilze (z.B. Champignons, Austernpilze, Kräuterseitlinge, Pfifferlinge)
1 Bund Frühlingszwiebeln
200 g Hähnchenbrustfilet,
120 g Parboiled Langkornreis
Salz, 2 EL Rapsöl, Pfeffer
½ TL Wacholderbeeren (angedrückt)
300 ml Gemüsebrühe
2 EL gemischte gehackte Kräuter (z.B. TK-Salatkräuter), 40 g Doppelrahmfrischkäse

38 % KH, 3 % BST, 32 % F, 17 % EW

Zubereitung wie beim Mischtyp. 1 Portion sofort genießen, die andere aufbewahren.

ALLES DREHT SICH UM DEN REIS: DER VERBRENNERTYP GREIFT BEHERZT ZU, WEIL ER KEIN FLEISCH BEKOMMT. DER SPEICHERTYP BEKOMMT IHN WOHLDOSIERT UND DAFÜR ETWAS MEHR FLEISCH.

SCHNELLE ROULADEN

1x HEUTE, 1x MORGEN

MIT BROKKOLI-MÖHREN-REIS

150 g Parboiled Langkornreis
Salz
200 g dünne Putenschnitzel
2 TL Senf, 1 EL Tomatenmark
Pfeffer
150 g Gewürzgurken
180 g rote Zwiebeln
2 EL Rapsöl
100 g kleine Brokkoliröschen
150 g Möhren
50 g Schmand
1 EL Weizenmehl (Type 1050)

47 % KH, 3 % BST, 28 % F, 22 % EW

1 Den Reis in Salzwasser nach Packungsanweisung garen.
2 Putenschnitzel waschen, trocken tupfen und möglichst flach klopfen. Mit Senf und Tomatenmark bestreichen und mit Salz sowie Pfeffer würzen. Gewürzgurken längs in dünne Streifen schneiden und unten quer auf die Schnitzel legen. Die Schnitzel aufrollen und mit Rouladennadeln (oder Holzspießchen) feststecken. Zwiebeln schälen und in schmale Spalten schneiden.
3 Rouladen in einem Topf im heißen Öl bei mittlerer Hitze rundum goldbraun anbraten. Zwiebeln hinzufügen und kurz mit anbraten. 200 ml Wasser angießen und die Rouladen zugedeckt bei schwacher Hitze ca. 15 Min. garen.
4 Brokkoli waschen. Die Möhren putzen, schälen und in feine Würfel schneiden. Das Gemüse in wenig Salzwasser zugedeckt bei mittlerer Hitze 5 Min. dünsten. Den Reis dazugeben und kurz mit erhitzen. Den Gemüsereis in einem Sieb abtropfen lassen.
5 Die Rouladen herausnehmen. Schmand mit Mehl glatt rühren, in den Topf geben und offen 1–2 Min. unter Rühren kochen lassen, abschmecken. Gemüsereis, Sauce und Rouladen anrichten. 1 Portion sofort genießen, die andere aufbewahren.

MIT GEMÜSEREIS

150 g Parboiled Langkornreis, Salz
150 g dünne Putenschnitzel
2 TL Senf, 2 TL Honig
1 EL Tomatenmark, Pfeffer
150 g Gewürzgurken, 180 g rote Zwiebeln
2 EL Rapsöl
50 g kleine Brokkoliröschen
150 g Möhren, 150 g Staudensellerie
40 g Schmand, 1 EL Weizenmehl (Type 1050)

53 % KH, 4 % BST, 26 % F, 17 % EW

Zubereitung wie beim Mischtyp, jedoch mit Honig und Sellerie. Honig mit Senf und Tomatenmark auf die Schnitzel streichen. Sellerie mit dem Gemüse mitdünsten. 1 Portion sofort genießen, die andere aufbewahren.

MIT BROKKOLIREIS

120 g Parboiled Langkornreis, Salz
250 g dünne Putenschnitzel
2 TL Senf, 1 EL Tomatenmark
Pfeffer
150 g Gewürzgurken
180 g rote Zwiebeln
2½ EL Rapsöl
100 g kleine Brokkoliröschen
50 g Schmand, 1 EL Weizenmehl (Type 1050)

39 % KH, 2 % BST, 33 % F, 26 % EW

Zubereitung wie beim Mischtyp, jedoch ohne Möhren. 1 Portion sofort genießen, die andere aufbewahren.

AUF DIE SPEICHERTYPEN-TOUR:
KEINE MÖHREN, WENIGER REIS
UND MEHR FLEISCH FÜR INSGESAMT
WENIGER KOHLENHYDRATE.

KASSELER-TOPF

1x HEUTE, 1x MORGEN

MIT PFLAUMENKRAUT UND SPÄTZLE

M

150 g mageres gekochtes
Kasseler (ohne Knochen)
2 große Zwiebeln, 1 EL Rapsöl
Salz, Pfeffer
ca. ½ TL ganzer Kümmel
Paprikapulver (edelsüß)
400 g Sauerkraut
1 EL Mandelblättchen
250 g Spätzle (aus dem Kühlregal)
250 g Pflaumen, 1 EL Honig
2 EL Schnittlauchröllchen

48 % KH, 3 % BST, 27 % F, 22 % EW

1 Kasseler in mundgerechte Stücke schneiden. Zwiebeln schälen, in Spalten schneiden und in einem Topf im Öl goldgelb anbraten. Mit Salz, Pfeffer, Kümmel und Paprikapulver würzen. Sauerkraut und Kasseler dazugeben, 125 ml Wasser angießen, alles aufkochen lassen und zugedeckt bei mittlerer Hitze ca. 25 Min. garen.

2 Mandelblättchen in einer Pfanne ohne Fett goldgelb anrösten. Die Spätzle in kochendem Salzwasser nach Packungsanweisung garen.

3 Pflaumen waschen, vierteln, entsteinen und je nach Größe eventuell etwas kleiner schneiden. Mit dem Honig beträufeln, unter das Sauerkraut mischen und kurz darin erhitzen. Mit Salz und Pfeffer abschmecken. Spätzle abgießen und kurz abtropfen lassen. Mit dem Kasseler in Pflaumenkraut auf Tellern anrichten und mit Mandelblättchen und Schnittlauchröllchen bestreuen. 1 Portion sofort genießen, die andere aufbewahren.

MIT PFLAUMENKRAUT UND SPÄTZLE

V

100 g mageres gekochtes Kasseler (ohne Knochen)
2 große Zwiebeln, 1 EL Rapsöl
Salz, Pfeffer, ca. ½ TL ganzer Kümmel
Paprikapulver (edelsüß)
500 g Sauerkraut
1 EL Mandelblättchen
250 g Spätzle (aus dem Kühlregal)
350 g Pflaumen, 2 EL Honig
2 EL Schnittlauchöllchen

54 % KH, 3 % BST, 25 % F, 18 % EW

Zubereitung wie beim Mischtyp. 1 Portion sofort genießen, die andere aufbewahren.

MIT PFLAUMENKRAUT UND SPÄTZLE

S

200 g mageres gekochtes Kasseler (ohne Knochen)
2 große Zwiebeln, 1 EL Rapsöl
Salz, Pfeffer, ca. ½ TL ganzer Kümmel
Paprikapulver (edelsüß)
400 g Sauerkraut
2 EL Mandelblättchen
200 g Spätzle (aus dem Kühlregal)
150 g Pflaumen, 4 TL Honig
2 EL Schnittlauchöllchen

39 % KH, 3 % BST, 33 % F, 25 % EW

Zubereitung wie beim Mischtyp. 1 Portion sofort genießen, die andere aufbewahren.

Tipp Wer's scharf und exotisch mag, würzt das Sauerkraut mit einer ordentlichen Prise Chilipulver und ersetzt die Pflaumen durch frisches Ananasfruchtfleisch.

NOCH MEHR PFLAUMEN MACHEN'S
FRUCHTIG-SÜSS UND DAMIT GENAU
RICHTIG FÜR DEN VERBRENNERTYP.

MUTTERS GRÜNKOHL

1x HEUTE, 1x MORGEN

MIT KASSELER UND KARTOFFELN

450 g vorwiegend festkochende Kartoffeln
175 g Zwiebeln
180 g mageres gekochtes Kasseler (ohne Knochen)
75 g getrocknete Apfelringe
1½ EL Rapsöl
½ l Gemüsebrühe
350 g TK-Grünkohl
30 g Apfelkraut
Salz, Pfeffer
frisch geriebene Muskatnuss

47 % KH, 5 % BST, 27 % F, 21 % EW

1 Die Kartoffeln mit der Schale gründlich waschen und in wenig Wasser ca. 18 Min. garen. Das Wasser abgießen und die Kartoffeln abkühlen lassen.
2 Die Zwiebeln schälen und in schmale Spalten schneiden. Das Kasseler in Würfel schneiden. Die Apfelringe vierteln. Das Öl in einem Topf erhitzen und die Zwiebeln darin goldbraun anbraten. Die Brühe angießen und zum Kochen bringen. Den Grünkohl hinzufügen und auftauen lassen.
3 Kasseler, Apfelringe und Apfelkraut dazugeben, alles wieder aufkochen und zugedeckt bei mittlerer Hitze 10 Min. köcheln lassen.
4 Die Kartoffeln pellen, in schmale Spalten schneiden und diese unter den Grünkohl mischen. Alles noch 5 Min. weiterköcheln lassen, dann mit Salz, Pfeffer und Muskatnuss abschmecken. 1 Portion sofort genießen, die andere aufbewahren.

MIT KARTOFFELN UND MÖHREN

450 g vorwiegend festkochende Kartoffeln
250 g Zwiebeln, 170 g Möhren
100 g mageres gekochtes Kasseler (ohne Knochen)
100 g getrocknete Apfelringe
1½ EL Rapsöl
½ l Gemüsebrühe
400 g TK-Grünkohl
30 g Apfelkraut
Salz, Pfeffer
frisch geriebene Muskatnuss

56 % KH, 7 % BST, 25 % F, 12 % EW

Zubereitung wie beim Mischtyp, jedoch mit Möhren. Die Möhren putzen, schälen und in Scheiben schneiden. Die Möhrenscheiben mit dem Kasseler garen. 1 Portion sofort genießen, die andere aufbewahren.

MIT KASSELER UND STECKRÜBE

200 g Zwiebeln
500 g Steckrübe
250 g mageres gekochtes Kasseler (ohne Knochen)
75 g getrocknete Apfelringe
1½ EL Rapsöl
½ l Gemüsebrühe
400 g TK-Grünkohl
20 g Apfelkraut
Salz, Pfeffer
frisch geriebene Muskatnuss

39 % KH, 5 % BST, 30 % F, 26 % EW

Zubereitung wie beim Mischtyp, jedoch ohne Kartoffeln und mit Steckrübe. Die Steckrübe schälen, in mundgerechte Würfel schneiden und zusammen mit Zwiebeln und Grünkohl ca. 15 Min. garen. 1 Portion sofort genießen, die andere aufbewahren.

VON ZUSÄTZLICHEN MÖHREN IM GRÜN-
KOHL PROFITIEREN VERBRENNERTYPEN.
SPEICHERTYPEN VERWENDEN FÜR EINE
GÜNSTIGERE GLYKÄMISCHE LAST
STECKRÜBE STATT KARTOFFELN.

GEFÜLLTE PAPRIKA

MIT REIS UND HACKFLEISCH

 M

60 g Parboiled Langkornreis
Salz, 1 Zwiebel
1 EL Rapsöl
50 g mageres Rinderhackfleisch
200 g Sauerkraut
1 EL Majoranblättchen
Pfeffer
1 große rote Paprikaschote
2 EL geriebener Emmentaler
1 Dose geschälte gehackte
Tomaten (400 g)

46 % KH, 4 % BST, 29 % F, 21 % EW

1 Reis in Salzwasser nach Packungsanweisung garen. Zwiebel schälen, in kleine Würfel schneiden und in einem Topf im Öl anbraten. Das Hackfleisch dazugeben und mitbraten. Mit 1–2 EL Wasser ablöschen, das Sauerkraut dazugeben und mit Majoran, Salz und Pfeffer würzen. Offen 5 Min. köcheln lassen.

2 Paprikaschote längs halbieren, entkernen und waschen. Den Reis in einem Sieb abtropfen lassen und mit dem Sauerkraut mischen. Die Reismischung in die Paprikahälften füllen und mit dem Emmentaler bestreuen.

3 Tomaten in den Topf geben, in der die Füllung gegart wurde, und mit Salz und Pfeffer würzen. Die gefüllten Paprikahälften auf die Tomaten setzen. Aufkochen und zugedeckt bei mittlerer Hitze 20–25 Min. garen.

MIT QUINOA UND APRIKOSEN

V

50 g Quinoa, Salz
50 g getrocknete Soft-Aprikosen, 1 Zwiebel
1 EL Rapsöl, 200 g Sauerkraut
1 EL Majoranblättchen, Pfeffer
1 große rote Paprikaschote
1 Dose geschälte gehackte Tomaten (400 g)

54 % KH, 9 % BST, 23 % F, 14 % EW

Quinoa in Salzwasser garen, abtropfen lassen. Aprikosen und Zwiebel in kleine Würfel schneiden und in Öl anbraten. Mit 1–2 EL Wasser ablöschen, Sauerkraut dazugeben und mit Majoran, Salz und Pfeffer würzen. Quinoa untermischen. Masse in die Paprikahälften füllen. Tomaten in den Topf geben, in der die Füllung gegart wurde, und mit Salz und Pfeffer würzen. Gefüllte Paprika auf die Tomaten setzen. Aufkochen und zugedeckt bei mittlerer Hitze 20–25 Min. garen.

MIT HACKFLEISCH

S

2 große Zwiebeln, 1 EL Rapsöl
80 g mageres Rinderhackfleisch
250 g Sauerkraut, 1 EL Majoranblättchen
Salz, Pfeffer, 1 große rote Paprikaschote
1 Dose geschälte gehackte Tomaten (400 g)
40 g kernige Haferflocken, 1 EL Mandelstifte

35 % KH, 6 % BST, 33 % F, 26 % EW

Den Backofen auf 200 °C vorheizen. Zwiebeln schälen, klein würfeln und für die Füllung die Hälfte der Zwiebelwürfel kurz im Öl anbraten. Das Hackfleisch mitbraten. Mit 1–2 EL Wasser ablöschen, Sauerkraut dazugeben und mit Majoran, Salz und Pfeffer würzen. Offen 5 Min. köcheln lassen. Masse in die Paprikahälften füllen. Restliche Zwiebelwürfel mit den Tomaten in eine ofenfeste Form geben. Gefüllte Paprikahälften daraufsetzen und mit Haferflocken und Mandeln bestreuen. Im Ofen bei 200 °C 20–25 Min. backen.

GANZ AUF DEN VERBRENNERTYP ZUGESCHNITTEN: EINE KOHLEN-HYDRATREICHE FÜLLUNG AUS QUINOA UND APRIKOSEN

DEUTSCHLANK-BURGER

MIT GEMÜSEPOMMES

 M

200 g festkochende Kartoffeln
200 g Hokkaidokürbis (entkernt)
1½ EL Rapsöl, Salz, Pfeffer
Paprikapulver (rosenscharf)
90 g mageres Rinderhackfleisch
1 XXL-Vollkorn-Burgerbun (75 g)
20 g Tomatenketchup
15 g Eisbergsalatblätter
1 Tomate
50 g Gewürzgurken

48 % KH, 4 % BST, 27 % F, 21 % EW

1 Backofen auf 225 °C vorheizen. Kartoffeln schälen und waschen, Kürbis waschen. Beides wie Pommes in dicke Stifte schneiden. Mit 1 EL Öl, Salz, Pfeffer und Paprikapulver mischen und in einer ofenfesten Form verteilen. Im Ofen ca. 30 Min. backen.

2 Hackfleisch mit Salz und Pfeffer würzen und 2 flache runde Burgerpattys daraus formen. In einigen Tropfen Öl in einer beschichteten Pfanne auf jeder Seite ca. 5 Min. braun braten.

3 Burgerbuns waagerecht halbieren, Schnittflächen mit Tomatenketchup bestreichen. Salat waschen, trocken schütteln und kleiner zupfen. Tomate waschen und in dünne Scheiben schneiden. Die Gewürzgurken längs in dünne Scheiben schneiden.

4 Untere Hälften der Burgerbuns auf Teller setzen und nacheinander mit Salat, Burgerpattys, Tomate und Gurken belegen. Die oberen Hälften darauflegen. Die Kartoffel- und Kürbispommes ebenfalls auf den Tellern anrichten.

MIT GEMÜSEPOMMES UND APFEL

 V

225 g festkochende Kartoffeln
225 g Hokkaidokürbis (entkernt)
1 EL Rapsöl, Salz, Pfeffer
Paprikapulver (rosenscharf)
90 g mageres Rinderhackfleisch
1 XXL-Vollkorn-Burgerbun (75 g)
20 g Tomatenketchup
2 Eisbergsalatblätter
1 Tomate, ½ Apfel
50 g Gewürzgurken

53 % KH, 45 % BST, 25 % F, 17 % EW

Zubereitung wie beim Mischtyp, jedoch mit Apfel. Den Apfel waschen, trocken reiben, vierteln und entkernen. Die Viertel in dünne Spalten schneiden und mit in die Burger geben.

MIT GEMÜSEPOMMES UND TOMATENQUARK

S

175 g festkochende Kartoffeln
175 g Hokkaidokürbis (entkernt)
1 EL Rapsöl, Salz, Pfeffer
Paprikapulver (rosenscharf)
110 g mageres Rinderhackfleisch
1 Vollkorn-Burgerbun (50 g)
1 EL Tomatenmark
25 g Speisequark (20 % Fett i. Tr.)
2 Eisbergsalatblätter
1 Tomate, 50 g Gewürzgurken

37 % KH, 4 % BST, 33 % F, 26 % EW

Zubereitung wie beim Mischtyp, jedoch mit Tomatenmark und Quark statt Tomatenketchup. Das Tomatenmark mit dem Quark verrühren und mit Salz und Pfeffer würzen. Statt des Ketchups auf die Burgerbuns streichen.

TOMATENQUARK STATT KETCHUP IM BURGERBRÖTCHEN UND GEMÜSE-KARTOFFEL-WEDGES STATT POMMES: UND SCHON DÜRFEN SICH ALLE TYPEN EINEN BURGER GÖNNEN!

CURRYWURST

MIT KARTOFFEL-WEDGES

1½ EL Rapsöl
100 g Geflügelbratwurst
2 große Zwiebeln
400 g gegarte festkochende
Kartoffeln (vom Vortag;
mit Schale)
Salz, Pfeffer
Paprikapulver (edelsüß)
3 EL Tomatenmark
1–2 EL Currypulver, 1 EL Honig
60 g Cocktailtomaten
(verschiedene Farben)

47 % KH, 3 % BST, 29 % F, 21 % EW

1 Den Backofen auf 225 °C vorheizen. ½ TL Öl in einer beschichteten Pfanne erhitzen. Die Bratwurst darin rundum bei mittlerer
Hitze ca. 15 Min. braun braten.

2 Inzwischen die Zwiebeln schälen und in dünne Ringe schneiden.
½ EL Öl in einem Topf erhitzen und die Zwiebeln darin ca. 10 Min.
goldbraun braten.

3 Die Kartoffeln pellen und in dicke Spalten (Wedges) schneiden.
Die Spalten in einer ofenfesten Form mit dem restlichen Öl vermischen. Mit Salz, Pfeffer und Paprikapulver würzen, nochmals
mischen und im Ofen (Mitte) ca. 10 Min. bräunen.

4 Tomatenmark, Currypulver und Honig zu den Zwiebeln geben.
Etwa 150 ml Wasser angießen, alles gut verrühren und aufkochen.
Mit Salz und Pfeffer abschmecken. Die Tomaten waschen und
halbieren, nach Belieben zur Sauce geben oder separat lassen.
Mit der Currywurst und den Wedges anrichten.

MIT SÜSSKARTOFFEL-WEDGES

1 EL Rapsöl
80 g Geflügelbratwurst
2 große Zwiebeln
250 g Süßkartoffeln
Salz, Pfeffer
Paprikapulver (edelsüß)
60 g Cocktailtomaten (verschiedene Farben)
2 EL Tomatenmark
1–2 EL Currypulver, 1 TL Honig

55 % KH, 4 % BST, 23 % F, 18 % EW

Zubereitung wie beim Mischtyp, jedoch mit rohen
Süßkartoffeln statt mit gekochten Kartoffeln. Die
Süßkartoffeln schälen, zu Wedges schneiden und
im Ofen ca. 15 Min. backen.

MIT OFENGEMÜSE

1½ EL Rapsöl
100 g Geflügelbratwurst
2 große Zwiebeln, 170 g Rote Bete
170 g Petersilienwurzeln, 170 g Steckrübe
Salz, Pfeffer, Paprikapulver (edelsüß)
2 EL Tomatenmark
1–2 EL Currypulver
1 TL Honig
60 g Cocktailtomaten (verschiedene Farben)

37 % KH, 6 % BST, 33 % F, 24 % EW

Zubereitung wie beim Mischtyp, jedoch ohne
Kartoffeln und mit Roter Bete, Petersilienwurzeln
und Steckrübe. Das Gemüse schälen und in mundgerechte Stücke schneiden. Wie die Kartoffeln im
Ofen bissfest garen, jedoch ca. 20 Min.

MIT WEDGES AUS
SÜSSKARTOFFELN
STATT KARTOFFELN
WIRD ES VERBREN-
NERTYP-TAUGLICH,
MIT GEMISCHTEM
OFENGEMÜSE
SPEICHERTYP-
GERECHT.

SPAGHETTI BOLOGNESE

1x
HEUTE,
1x
MORGEN

GANZ KLASSISCH

M

100 g Möhren
1 große Zwiebel
1 Stange Staudensellerie
2 EL Olivenöl
100 g mageres Rinderhack-
fleisch
Salz, Pfeffer, Cayennepfeffer
2 TL Oreganoblättchen
(und Oregano zum Garnieren)
1 Dose geschälte gehackte
Tomaten (400 g)
180 g Spaghetti
30 g geriebener Parmesan

51 % KH, 3 % BST, 26 % F, 20 % EW

1 Die Möhren putzen und ebenso wie die Zwiebel schälen, beides in sehr kleine Würfel schneiden. Den Sellerie putzen, waschen und ebenso in kleine Würfel schneiden.

2 Das Olivenöl in einem Topf erhitzen und das Hackfleisch darin bei starker Hitze rundum anbraten. Die Gemüsewürfel dazugeben und mit anbraten. Hackmasse mit Salz, Pfeffer, Cayennepfeffer und Oregano würzen. Die Tomaten dazugeben, alles aufkochen und zugedeckt bei mittlerer Hitze ca. 20 Min. köcheln lassen.

3 Inzwischen die Spaghetti in reichlich kochendem Salzwasser nach Packungsanweisung bissfest garen. Die Spaghetti in ein Sieb abgießen und abtropfen lassen.

4 Die Sauce nochmals mit Salz, Pfeffer und Cayennepfeffer abschmecken. Mit Parmesan bestreuen und mit Oreganoblättchen garnieren. 1 Portion sofort genießen, die andere aufbewahren.

MIT GEMÜSEBOLOGNESE

V

170 g Möhren
170 g Pastinaken
1 große Zwiebel
1 Stange Staudensellerie
2 EL Olivenöl
Salz, Pfeffer
Cayennepfeffer
2 TL Oreganoblättchen
(und Oregano zum Garnieren)
1 Dose geschälte gehackte Tomaten (400 g)
180 g Spaghetti
30 g geriebener Parmesan

58 % KH, 4 % BST, 25 % F, 13 % EW

Zubereitung wie beim Mischtyp, ohne Hackfleisch und mit Pastinakenwürfeln. Diese mit den Möhrenwürfeln im Öl anbraten. 1 Portion sofort genießen, die andere aufbewahren.

GANZ KLASSISCH

S

60 g Möhren
1 große Zwiebel
1 Stange Staudensellerie
2 EL Olivenöl
200 g mageres Rinderhackfleisch
Salz, Pfeffer
Cayennepfeffer
2 TL Oreganoblättchen (und Oregano
zum Garnieren)
1 Dose geschälte gehackte Tomaten (400 g)
120 g Spaghetti
30 g geriebener Parmesan

39 % KH, 3 % BST, 30 % F, 28 % EW

Zubereitung wie beim Mischtyp. 1 Portion sofort genießen, die andere aufbewahren.

DER VERBRENNERTYP ISST EIWEISSÄRMERE BOLOGNESE OHNE HACKFLEISCH. FÜR DEN SPEICHERTYP GIBT ES MEHR HACKFLEISCH, ABER WENIGER NUDELN.

SPARGEL MIT SCHINKEN

UND SÜSSKARTOFFELN

 M

500 g weißer Spargel
Salz, Pfeffer
175 g Süßkartoffeln
150 g Zucchini
1 EL Rapsöl
1 TL getrockneter Thymian
25 g Semmelbrösel
50 g gekochter Schinken
(in dünnen Scheiben)

49 % KH, 5 % BST, 27 % F, 19 % EW

1 Den Backofen auf 200 °C Umluft vorheizen. Den Spargel waschen und schälen, die holzigen Enden abschneiden. Den Spargel in zwei Portionen teilen, jede Portion auf ein großes Stück Alufolie legen, mit Salz und Pfeffer würzen und in der Folie einwickeln. Im Ofen (Mitte) ca. 15 Min. garen.

2 Inzwischen die Süßkartoffeln gründlich waschen oder schälen und längs in dicke Spalten schneiden. Die Zucchini putzen, waschen und in ähnlich lange Spalten schneiden.

3 Das Öl mit Salz, Pfeffer und Thymian verrühren. Die Kartoffel- und Zucchinispalten in der Ölmischung wenden und in eine flache Auflaufform geben. Die Semmelbrösel darüberstreuen. Die Form zum Spargel in den Ofen schieben und alles zusammen ca. 15 Min. weiterbacken, bis das Gemüse bissfest ist.

4 Spargel und Kartoffel- sowie Zucchinispalten zusammen mit dem Schinken anrichten.

UND KARTOFFELN

 V

250 g festkochende Kartoffeln
500 g weißer Spargel, Salz, Pfeffer
250 g Zucchini, 1 EL Rapsöl
1 TL getrockneter Thymian
25 g Semmelbrösel
30 g gekochter Schinken (in dünnen Scheiben)
1 EL heller flüssiger Honig

54 % KH, 4 % BST, 24 % F, 18 % EW

Zubereitung wie beim Mischtyp, jedoch mit Kartoffeln statt Süßkartoffeln und mit Honig. Die Kartoffeln mit der Schale gründlich waschen und in Salzwasser 15–20 Min. weich garen, abgießen und abkühlen lassen. Dann pellen und in Spalten schneiden, mit Zucchini und gewürztem Öl mischen, in die Form geben und mit Semmelbröseln bestreuen. Im Ofen 15 Min. backen. Herausnehmen und den Honig über den Spargel träufeln.

UND GEMÜSESPALTEN

500 g weißer Spargel
Salz, Pfeffer, 150 g Möhren, 150 g Pastinaken
150 g Zucchini, 1 EL Rapsöl
1 TL getrockneter Thymian
20 g Semmelbrösel
75 g gekochter Schinken (in dünnen Scheiben)
½ EL Mandelblättchen

39 % KH, 6 % BST, 32 % F, 23 % EW

Zubereitung wie beim Mischtyp, jedoch mit Möhren und Pastinaken statt Süßkartoffeln sowie mit Mandeln. Die Möhren und Pastinaken putzen, schälen, in Spalten schneiden, mit dem Würzöl mischen und in der Form im Ofen (Mitte) 10 Min. vorgaren. Erst dann die Zucchini untermischen und alles weitere 15 Min. backen. Die Mandeln in einer Pfanne ohne Fett goldgelb anrösten und zum Schluss über den Spargel streuen.

GEKOCHTE KARTOFFELN SIND FÜR DEN VERBRENNERTYP GEEIGNET.
DER SPEICHERTYP REDUZIERT KOHLENHYDRATE, INDEM ER
SÜSSKARTOFFELN DURCH MÖHREN UND PASTINAKEN ERSETZT.

ZITRONENLACHS

MIT ZUCCHINI UND NUDELN

½ Bio-Zitrone
150 g Zucchini
Salz
90 g Lachsfilet (ohne Haut)
Pfeffer
1 EL Kapern
180 g breite Bandnudeln
(z. B. Pappardelle)
½ EL Olivenöl

47 % KH, 2 % BST, 29 % F, 22 % EW

1   Den Backofen auf 200 °C vorheizen. Die Zitrone heiß waschen, trocken reiben und in dünne Scheiben schneiden. Die Zucchini putzen, waschen und mit dem Gemüsehobel längs in dünne Scheiben schneiden. Die Scheiben längs in Streifen schneiden, die ähnlich breit sind wie die Bandnudeln.

2   In einem Topf Salzwasser für die Nudeln zum Kochen bringen. Das Lachsfilet waschen, trocken tupfen, in breite Streifen schneiden, mit Salz und Pfeffer würzen und dicht nebeneinander in eine Auflaufform legen. Die Kapern daraufstreuen und die Zitronenscheiben überlappend darauf ausbreiten. Die Form mit Alufolie verschließen und den Fisch im Ofen (Mitte) ca. 12 Min. garen.

3   In der Zwischenzeit die Nudeln im kochenden Salzwasser nach Packungsanweisung bissfest garen, dabei in den letzten 30 Sek. die Zucchinistreifen mitgaren. Nudeln und Zucchini in einem Sieb gut abtropfen lassen und mit dem Olivenöl beträufeln. Lachs zusammen mit Nudeln und Zucchini anrichten. Nach Belieben mit Basilikumblättern garnieren.

MIT ZUCCHINI UND NUDELN

½ Bio-Zitrone
150 g Zucchini
Salz
60 g Lachsfilet (ohne Haut)
Pfeffer
1 EL Kapern
110g breite Bandnudeln (z. B. Pappardelle)
½ EL Olivenöl

55 % KH, 3 % BST, 23 % F, 19 % EW

Zubereitung wie beim Mischtyp.

MIT ZUCCHINI UND NUDELN

½ Bio-Zitrone
225 g Zucchini
Salz
125 g Lachsfilet (ohne Haut)
Pfeffer
1 EL Kapern
70 g breite Bandnudeln (z. B. Pappardelle)
1 TL Olivenöl

38 % KH, 2 % BST,33 % F, 27 % EW

Zubereitung wie beim Mischtyp.

Tipp Durchgedreht! Eine ganz andere Optik bekommt das Gericht, wenn man Spaghetti nimmt und die Zucchini mit dem Spiralschneider in lange dünne Streifen schneidet.

DER DEUTSCHLANK-CLOU: WENIGER FISCH UND MEHR NUDELN FÜR DEN VERBRENNERTYP. MEHR FISCH UND ZUCCHINI SOWIE WENIGER NUDELN UND ÖL FÜR DEN SPEICHERTYP.

GEDÄMPFTER KABELJAU

MIT KARTOFFEL-GURKEN-SALAT

M

250 g festkochende Kartoffeln
Salz
200 g Salatgurke
1 großer Apfel
1 TL Senf, 3 EL Apfelessig
1½ EL Rapsöl
1½ EL Apfeldicksaft, Pfeffer
125 g Kabeljaufilet
2 EL Zitronensaft
Paprikapulver (edelsüß)
etwas gehackter Dill
(frisch oder TK)

48 % KH, 2 % BST, 29 % F, 21 % EW

1 Kartoffeln mit der Schale gründlich waschen und in wenig Salzwasser ca. 20 Min. weich garen.
2 Gurke nach Belieben waschen oder schälen und in dünne Scheiben schneiden. Den Apfel waschen, trocken reiben, vierteln und entkernen. Die Viertel quer in dünne Scheiben schneiden.
3 Senf, Essig, Öl, Apfeldicksaft, Salz und Pfeffer zu einem Dressing verrühren. Die Gurken- und Apfelscheiben darin wenden.
4 Kabeljaufilet waschen und trocken tupfen. Mit Zitronensaft, Salz, Pfeffer, Paprikapulver und Dill würzen und in einen Dämpfeinsatz legen. In einem großen Topf wenig Wasser zum Kochen bringen, den Dämpfeinsatz hineinstellen und den Fisch bei mittlerer Hitze ca. 10 Min. zugedeckt gar dämpfen.
5 Die Kartoffeln abgießen, ausdampfen lassen, heiß pellen und in Scheiben schneiden. Die Kartoffelscheiben vorsichtig mit der Gurken-Apfel-Mischung vermengen und den Salat mit Salz und Pfeffer abschmecken. Zusammen mit dem Fisch anrichten.

MIT KARTOFFEL-GURKEN-SALAT UND TOAST

V

250 g festkochende Kartoffeln, Salz
200 g Salatgurke, 1 großer Apfel
1 TL Senf, 3 EL Apfelessig
1½ EL Rapsöl, 1½ EL Apfeldicksaft
Pfeffer
80 g Kabeljaufilet, 2 EL Zitronensaft
Paprikapulver (edelsüß)
etwas gehackter Dill (frisch oder TK)
1 Scheibe Vollkorntoastbrot

53 % KH, 3 % BST, 28 % F, 16 % EW

Zubereitung wie beim Mischtyp, jedoch mit Toastbrot. Das Brot toasten und dazu essen.

MIT PASTINAKEN-GURKEN-SALAT

S

200 g Pastinaken, Salz
200 g Salatgurke, 1 kleiner Apfel
1 TL Senf, 3 EL Apfelessig
1½ EL Rapsöl, 1½ EL Apfeldicksaft
Pfeffer
150 g Kabeljaufilet, 2 EL Zitronensaft
Paprikapulver (edelsüß)
etwas gehackter Dill (frisch oder TK)
1 TL Mandelblättchen

39 % KH, 3 % BST, 34 % F, 24 % EW

Zubereitung wie beim Mischtyp, jedoch mit Pastinaken statt Kartoffeln und mit Mandelblättchen. Die Pastinaken, putzen, schälen, in ca. ½ cm dicke Scheiben schneiden und zugedeckt in oder über Salzwasser bissfest garen. Statt der Kartoffeln unter die Gurken-Apfel-Mischung mengen. Die Mandelblättchen in einer Pfanne ohne Fett goldgelb anrösten und zum Schluss auf den Fisch geben.

EIN EXTRA AN KOHLENHYDRATEN:
DER VERBRENNERTYP DARF SICH NOCH
1 SCHEIBE TOASTBROT DAZU GENEHMIGEN.

ROTBARSCH IN SENFSAUCE

MIT KARTOFFEL-BROKKOLI-GEMÜSE

 M

200 g festkochende Kartoffeln
Salz, 175 g Brokkoli
100 g Rotbarschfilet
2 TL Zitronensaft, Pfeffer
2 TL Butter
1 EL Weizenmehl (Type 1050)
2 TL Senf
50 ml Milch (1,5 % Fett)
100 ml Gemüsebrühe
1 TL Apfelkraut
1 kleine Banane
1 Scheibe Vollkorntoastbrot

47 % KH, 4 % BST, 26 % F, 23 % EW

1 Kartoffeln schälen, waschen, in Scheiben schneiden und zuge-deckt in wenig Salzwasser ca. 15 Min. bissfest garen. Brokkoli putzen, waschen, in Röschen teilen und in wenig kochendem Salzwasser 5–7 Min. garen.

2 Das Rotbarschfilet waschen, trocken tupfen und in 2 gleich große Stücke teilen. Mit Zitronensaft, Salz und Pfeffer würzen. Butter in einer beschichteten Pfanne erhitzen und die Fischstücke darin auf jeder Seite ca. 4 Min. braten. Herausheben und warm halten.

3 Das Mehl zum Bratensatz in die Pfanne geben und anschwitzen. Den Senf unterrühren, dann unter Rühren Milch und Gemüsebrü-he angießen und das Apfelkraut hinzufügen. Die Banane schälen, in Scheiben schneiden und ebenfalls unter die Sauce mischen. Die Sauce mit Salz und Pfeffer abschmecken.

4 Kartoffeln und Brokkoli abgießen und abtropfen lassen. Beides mit den Fischstücken und der Sauce auf einem Teller anrichten. Das Brot toasten, diagonal halbieren und dazu essen.

MIT KARTOFFEL-BROKKOLI-GEMÜSE

V

200 g festkochende Kartoffeln, Salz
225 g Brokkoli
60 g Rotbarschfilet, 2 TL Zitronensaft
Pfeffer, 12 g Butter
1 EL Weizenmehl (Type 405)
2 TL Senf, 50 ml Milch (1,5 % Fett)
100 ml Gemüsebrühe
1 gehäufter TL Apfelkraut
1 kleine Banane
1 Scheibe Vollkorntoastbrot

53 % KH, 4 % BST, 24 % F, 19 % EW

Zubereitung wie beim Mischtyp.

MIT SELLERIE-BROKKOLI-GEMÜSE

S

150 g Knollensellerie, Salz
175 g Brokkoli
125 g Rotbarschfilet, 1 EL Zitronensaft
Pfeffer, 15 g Butter
1 EL Weizenmehl (Type 405)
2 TL Senf, 50 ml Milch (1,5 % Fett)
100 ml Gemüsebrühe
1 TL Apfelkraut
½ kleine Banane
1 Scheibe Vollkorntoastbrot

40 % KH, 3 % BST, 32 % F, 25 % EW

Zubereitung wie beim Mischtyp, jedoch mit Sellerie statt Kartoffeln. Den Sellerie schälen, in mundgerechte Stücke schneiden und zugedeckt in wenig Salzwasser ca. 20 Min. garen.

ARTOFFELN WERDEN DURCH
ELLERIE ERSETZT UND SIND
AMIT DIE OPTIMALE BEILAGE
ÜR DEN SPEICHERTYP.

SCHOLLENFILET MIT SPINAT

UND RÖSTBROT

 M

80 g Schollenfilet
1 EL Zitronensaft
1 EL Tomatenmark
Salz, Pfeffer
½ Bund Dill
1 große Zwiebel
100 g Blattspinat
200 g Zucchini
1 EL Rapsöl
30 g Rosinen
1 EL Pinienkerne
75 g Körnerbrot

46 % KH, 4 % BST, 28 % F, 22 % EW

1 Schollenfilet waschen, trocken tupfen, mit etwas Zitronensaft beträufeln, mit Tomatenmark bestreichen und mit Salz und Pfeffer würzen. Dill waschen und trocken schütteln, die Spitzen abzupfen und grob hacken. Die Hälfte des Dills auf die Fischfilets streuen, zusammenklappen und mit Holzspießchen feststecken.

2 Zwiebel schälen und in feine Würfel schneiden. Spinat verlesen, waschen und grob hacken. Die Zucchini putzen, waschen, trocken tupfen und auf der Gemüsereibe grob raspeln.

3 Einige Tropfen Öl in einem Topf leicht erhitzen und die Zwiebelwürfel darin andünsten. Die Zucchiniraspel hinzufügen und kurz andünsten, dann mit 100 ml Wasser ablöschen. Den Spinat und die Rosinen dazugeben, alles einmal aufkochen lassen und mit Salz und Pfeffer abschmecken. Die Schollenpäckchen auf das Gemüse legen und zugedeckt bei mittlerer Hitze ca. 6 Min. garen.

4 Pinienkerne in einer Pfanne ohne Fett goldgelb anrösten und abkühlen lassen. Brot in kleine Würfel schneiden und im restlichen Öl rundum goldbraun rösten. Mit dem restlichen Dill bestreuen, zusammen mit Fisch und Gemüse auf einem Teller anrichten und alles mit den Pinienkernen bestreuen.

UND RÖSTBROT

 V

50 g Schollenfilet, 1 EL Zitronensaft
1 EL Tomatenmark
Salz, Pfeffer
½ Bund Dill
1 große Zwiebel
100 g Blattspinat
200 g Zucchini
1 EL Rapsöl
50 g Rosinen
1 TL Pinienkerne
75 g Körnerbrot

54 % KH, 5 % BST, 23 % F, 18 % EW

Zubereitung wie beim Mischtyp.

UND RÖSTBROT

S

100 g Schollenfilet, 1 EL Zitronensaft
1 EL Tomatenmark
Salz, Pfeffer
½ Bund Dill
1 große Zwiebel
100 g Blattspinat
200 g Zucchini
1 EL Rapsöl
30 g Rosinen
1 EL Pinienkerne
25 g Körnerbrot

38 % KH, 4 % BST, 32 % F, 26 % EW

Zubereitung wie beim Mischtyp.

DER SPEICHERTYP GENIESST MEHR FISCH UND ISST DAFÜR ETWAS WENIGER RÖSTBROT.

REISPFANNE

1x HEUTE, 1x MORGEN

MIT MAIS UND GARNELEN

 M

1 große rote Zwiebel
2 EL Rapsöl
300 g Mais (aus der Dose; abgetropft)
300 g gegarter Parboiled Langkornreis (vom Vortag; ca. 100 g roh)
2 EL Pinienkerne
50 g Rucola
200 g Garnelen (gegart und geschält; frisch oder TK)
Salz, Pfeffer
Zitronenpfeffer
Zitronenspalten zum Garnieren (nach Belieben)

47 % KH, 2 % BST, 29 % F, 22 % EW

1 Die Zwiebel schälen und in schmale Spalten schneiden. Das Öl in einer Pfanne erhitzen und die Zwiebelspalten darin bei mittlerer Hitze goldbraun anbraten. Den Mais in einem Sieb abtropfen lassen und mit dem Reis unter die Zwiebeln mischen. Alles unter gelegentlichem Rühren 5 Min. erhitzen.

2 Inzwischen die Pinienkerne in einer Pfanne ohne Fett goldgelb rösten und abkühlen lassen. Den Rucola verlesen, waschen, trocken schütteln, von dicken Stielen befreien und grob hacken. Die Garnelen auf einem Sieb abbrausen und trocken tupfen.

3 Den Rucola mit den Garnelen zur Reispfanne geben und alles mit Salz, Pfeffer und Zitronenpfeffer abschmecken. Mit den Pinienkernen bestreuen und nach Belieben mit Zitronenspalten garniert anrichten. 1 Portion sofort genießen, die andere aufbewahren.

MIT MAIS UND ERBSEN

V

1 große rote Zwiebel
2 EL Rapsöl
300 g Mais (aus der Dose; abgetropft)
300 g gegarter Parboiled Langkornreis (vom Vortag; ca. 100 g roh)
2 EL Pinienkerne
50 g Rucola
200 g Erbsen (TK)
Salz, Pfeffer
Zitronenpfeffer
Zitronenspalten zum Garnieren (nach Belieben)

56 % KH, 4 % BST, 27 % F, 13 % EW

Zubereitung wie beim Mischtyp, jedoch ohne Garnelen und mit Erbsen. Erbsen statt der Garnelen mit dem Rucola zum Reis geben. 1 Portion sofort genießen, die andere aufbewahren.

MIT ERBSEN UND GARNELEN

S

1 große rote Zwiebel
2 EL Rapsöl
200 g Erbsen (TK)
300 g gegarter Parboiled Langkornreis (vom Vortag; ca. 100 g roh)
3 EL Pinienkerne
50 g Rucola
200 g Garnelen (gegart und geschält; frisch oder TK)
Salz, Pfeffer, Zitronenpfeffer
Zitronenspalten zum Garnieren (nach Belieben)

39 % KH, 3 % BST, 33 % F, 25 % EW

Zubereitung wie beim Mischtyp, jedoch ohne Mais und mit Erbsen. Erbsen statt Mais mit dem Reis unter die Zwiebelspalten mischen. 1 Portion sofort genießen, die andere aufbewahren.

SPEICHERTYPEN ERSETZEN
DEN MAIS DURCH ERBSEN UND
BEKOMMEN SO MEHR EIWEISS.

PASTA MIT PILZEN

1x HEUTE, 1x MORGEN

IN ZWIEBELRAHM

10 g getrocknete Steinpilze
180 g Nudeln (z. B. Penne)
Salz
200 g rote Zwiebeln
200 g Champignons
½ Bund Petersilie
1 EL Rapsöl
80 g Gorgonzola
Pfeffer
10 g Instant-Haferflocken
(Schmelzflocken)

54 % KH, 4 % BST, 25 % F, 17 % EW

1 Die getrockneten Steinpilze in 175 ml lauwarmem Wasser einweichen. Die Nudeln in reichlich kochendem Salzwasser nach Packungsanweisung bissfest garen.

2 Zwiebeln schälen und in schmale Spalten schneiden. Champignons putzen, mit Küchenpapier trocken abreiben und jeweils vierteln. Die Petersilie waschen und trocken schütteln, die Blätter abzupfen und grob hacken.

3 Das Öl in einer beschichteten Pfanne erhitzen und die Zwiebeln darin rundum ca. 5 Min. anbraten. Die Pilze dazugeben und mit anbraten. Die Steinpilze samt Einweichwasser unterrühren und alles einmal aufkochen lassen. Den Gorgonzola hinzufügen und schmelzen lassen. Mit Salz und Pfeffer abschmecken. Die Haferflocken unterrühren und kurz quellen lassen.

4 Nudeln in ein Sieb abgießen, dabei etwas Kochwasser auffangen, und abtropfen lassen. Nudeln mit der Pilzmischung und der Petersilie vermengen, dabei für eine etwas cremigere Konsistenz nach Belieben noch etwas Nudelkochwasser untermischen.
1 Portion sofort genießen, die andere aufbewahren.

IN ZWIEBELRAHM

10 g getrocknete Steinpilze
200 g Nudeln (z. B. Penne), Salz
200 g rote Zwiebeln
200 g Champignons
½ Bund Petersilie
1 EL Rapsöl, 60 g Gorgonzola, Pfeffer
10 g Instant-Haferflocken (Schmelzflocken)

54 % KH, 5 % BST, 29 % F, 12 % EW

Zubereitung wie beim Mischtyp. 1 Portion sofort genießen, die andere aufbewahren.

AUS LINSENNUDELN IN ZWIEBELRAHM

10 g getrocknete Steinpilze
60 g Linsennudeln (aus dem Bioladen;
z. B. von Holo), Salz
200 g rote Zwiebeln, 200 g Champignons
½ Bund Petersilie, 1 EL Rapsöl
80 g Doppelrahmfrischkäse, Pfeffer
15 g Instant-Haferflocken (Schmelzflocken)

40 % KH, 5 % BST, 32 % F, 23 % EW

Zubereitung wie beim Mischtyp, jedoch mit Linsennudeln statt klassischer Nudeln. Die Linsennudeln haben eine kürzere Garzeit, deshalb am besten zuerst mit der Zubereitung der Sauce beginnen. 1 Portion sofort genießen, die andere aufbewahren.

CLEVER VARIIERT: SPEICHER-
TYPEN REDUZIEREN DIE
KOHLENHYDRATE, INDEM SIE
EIWEISSREICHE LINSEN-
NUDELN VERWENDEN.

APFELROTKOHL

1x HEUTE, 1x MORGEN

MIT MARONEN-SCHUPFNUDELN

M

1 EL Rapsöl
400 g Schupfnudeln
(aus dem Kühlregal)
100 g Maronen
(gekocht und vakuumiert)
1 EL ganzer Kümmel
600 g Rotkohl, Salz, Pfeffer
1 TL getrockneter Majoran
1 Bio-Zitrone, 250 g säuerliche
Äpfel (z. B. Elstar)
200 g körniger Frischkäse
2 EL gemischte TK-Kräuter

49 % KH, 5 % BST, 30 % F, 16 % EW

1 Öl in einer beschichteten Pfanne erhitzen. Schupfnudeln und die Maronen mit Kümmel darin rundum ca. 10 Min. goldbraun braten, dabei zwischendurch immer wieder wenden.

2 Vom Rotkohl die äußeren Blätter entfernen, Kohl vierteln und den harten Strunk herausschneiden. Den Kohl in feine Streifen hobeln. Mit 100 ml Wasser in einen Topf geben, mit Salz, Pfeffer und Majoran würzen und zugedeckt ca. 15 Min. dünsten.

3 Zitrone heiß waschen und trocken reiben, die Schale abreiben und den Saft auspressen. Die Äpfel waschen, trocken reiben, vierteln und entkernen. Die Viertel in schmale Spalten schneiden und mit Zitronensaft und -schale mischen.

4 Äpfel zum Rotkohl geben, aufkochen lassen und mit Salz und Pfeffer abschmecken. Den Frischkäse mit den Kräutern, Salz und Pfeffer verrühren. Den Apfelrotkohl zusammen mit den Maronen-Schupfnudeln und dem Frischkäse anrichten. 1 Portion sofort genießen, die andere aufbewahren.

MIT MARONEN-SCHUPFNUDELN

 V

1 EL Rapsöl,
500 g Schupfnudeln (aus dem Kühlregal)
150 g Maronen (gekocht und vakuumiert)
1 EL ganzer Kümmel, 600 g Rotkohl
Salz, Pfeffer, 1 TL getrockneter Majoran
1 Bio-Zitrone, 250 g säuerliche Äpfel (z. B. Elstar)
1 EL Apfeldicksaft
100 g körniger Frischkäse
2 EL gemischte TK-Kräuter

54 % KH, 5 % BST, 29 % F, 12 % EW

Zubereitung wie beim Mischtyp, jedoch den Rotkohl zusätzlich mit Apfeldicksaft abschmecken. 1 Portion sofort genießen, die andere aufbewahren.

MIT MARONEN-SCHINKEN-LAUCH

S

500 g Lauch, 1 EL Rapsöl
100 g Maronen (gekocht und vakuumiert)
125 g gekochter Schinken (in kleinen Würfeln)
1 EL ganzer Kümmel, 600 g Rotkohl
Salz, Pfeffer, 1 TL getrockneter Majoran
1 Bio-Zitrone
250 g säuerliche Äpfel (z. B. Elstar)
200 g körniger Frischkäse
2 EL gemischte TK-Kräuter

39 % KH, 5 % BST, 30 % F, 26 % EW

Zubereitung ohne Schupfnudeln, dafür mit Lauch und Schinken. Den Lauch putzen, waschen und dünne Ringe schneiden. Im Öl anbraten, Maronen, Schinken und Kümmel hinzufügen und ca. 10 Min. weiterbraten. Mit Apfelrotkohl und Frischkäse anrichten. 1 Portion sofort genießen, die andere aufbewahren.

DANK LAUCH UND SCHINKEN STATT SCHUPFNUDELN SPART DER SPEICHERTYP KOHLENHYDRATE.

QUARKPLINSEN

MIT KÜRBIS-MÖHREN-ROHKOST

100 g Magerquark
1 Ei
40 g Dinkelmehl (Type 1050)
1 Msp. Backpulver
30 g Rosinen
1 EL Schnittlauchröllchen
200 g Hokkaidokürbis (entkernt)
100 g Möhren
Salz, Pfeffer
2–3 EL Zitronensaft
1 EL Rapsöl
1 EL Honig

50 % KH, 4 % BST, 26 % F, 20 % EW

1 Quark, Ei, Mehl, Backpulver, Rosinen und Schnittlauchröllchen in einer Schüssel gründlich verrühren. Zugedeckt beiseitestellen und quellen lassen, bis die Rohkost zubereitet ist.
2 Den Kürbis waschen, die Möhren putzen und waschen oder schälen. Beides mit der Gemüsereibe grob raspeln, die Raspel mit Salz, Pfeffer, Zitronensaft und 1 TL Öl vermischen. Die Rohkost nochmals mit Salz und Pfeffer abschmecken.
3 Das restliche Öl in einer beschichteten Pfanne erhitzen und 4 kleine dicke Plinsen (Pfannkuchen) aus dem Quarkteig braten. Dafür mit einem Esslöffel je ein Viertel des Teigs in die Pfanne geben und mit dem Löffel flach drücken. Die Plinsen auf jeder Seite 3–4 Min. goldbraun backen. Die Rohkost mit Honig beträufeln und mit den Plinsen auf einem Teller anrichten.

MIT KÜRBIS-MÖHREN-ROHKOST

60 g Quark (20 % Fett)
1 Ei
40 g Dinkelmehl (Type 1050)
1 Msp. Backpulver
30 g Rosinen
1 EL Schnittlauchröllchen
200 g Hokkaidokürbis (entkernt)
200 g Möhren
Salz
2 TL Rapsöl
1 EL Honig

54 % KH, 4 % BST, 26 % F, 16 % EW

Zubereitung wie beim Mischtyp.

MIT MÖHRENROHKOST

100 g Magerquark
1 gehäufter EL körniger Frischkäse
1 Ei
40 g Dinkelmehl (Type 630)
1 EL Sojaflocken,
1 Msp. Backpulver
20 g Rosinen
1 EL Schnittlauchröllchen
200 g Möhren
Salz
1 EL Rapsöl

42 % KH, 4 % BST, 30 % F, 24 % EW

Zubereitung wie beim Mischtyp, jedoch mit körnigem Frischkäse, Sojaflocken und ohne Kürbis. Den körnigen Frischkäse zuerst mit dem Quark verrühren, die Sojaflocken zusammen mit dem Mehl unter den Teig rühren. Für die Rohkost nur Möhren verwenden.

VERBRENNERTYPEN ESSEN
WENIGER QUARK UND
DAFÜR MEHR ROHKOST.

PFANNKUCHEN

MIT APFEL UND SALAT

 M

1 Ei
80 g Magerquark
50 g Weizenmehl (Type 1050)
60 ml Mineralwasser
(mit Kohlensäure)
Salz, Pfeffer
125 g rotschaliger Apfel
1 EL Rapsöl
1 Handvoll Feldsalat
2 Frühlingszwiebeln
1 Stange Staudensellerie
2 EL Balsamico bianco
75 g Naturjoghurt (0,1 % Fett)

48 % KH, 3 % BST, 28 % F, 21 % EW

1   Ei, Quark, Mehl und Mineralwasser zu einem glatten Teig ver-
    rühren, mit Salz und Pfeffer würzen. Den Apfel waschen, trocken
    reiben, vierteln, entkernen und in dicke Spalten schneiden.
2   In einer beschichteten Pfanne (22–24 cm Ø) 3 Tropfen Öl vertei-
    len und erhitzen. Den Teig hineingeben und durch Schwenken
    darin verteilen, die Apfelspalten nebeneinander darauflegen. Den
    Pfannkuchen bei schwacher Hitze auf der Unterseite ca. 5 Min.
    goldbraun backen, dann wenden und auf der zweiten Seite eben-
    so ca. 5 Min. goldbraun fertig backen.
3   Feldsalat verlesen, waschen und trocken schütteln. Die Früh-
    lingszwiebeln und den Sellerie putzen, waschen und in dünne
    Scheiben schneiden und alles mischen.
4   Das restliche Öl mit dem Essig und dem Joghurt glatt verrühren,
    das Dressing mit Salz und Pfeffer abschmecken. Den Pfannku-
    chen mit den Äpfeln nach oben auf einen Teller heben, den Salat
    darauf anrichten und das Dressing darüberträufeln.

MIT APFEL UND SALAT

V

1 Ei
60 g Weizenmehl (Type 1050)
80 ml Milch (1,5 % Fett)
125 g rotschaliger Apfel
1 EL Rapsöl
1 Handvoll Feldsalat
2 Frühlingszwiebeln
1 Stange Staudensellerie
2 EL Balsamico bianco
1 EL Apfeldicksaft

54 % KH, 3 % BST, 30 % F, 13 % EW

Zubereitung wie beim Mischtyp, jedoch den
Pfannkuchenteig mit Milch statt mit Quark und
Mineralwasser anrühren und das Dressing mit
Apfeldicksaft statt mit Joghurt.

MIT SCHINKEN UND SALAT

S

1 Ei, 80 g Magerquark
1 EL Weizenmehl (Type 1050)
50 g zarte Haferflocken
60 ml Mineralwasser (mit Kohlensäure)
Salz, Pfeffer, 1 EL Rapsöl
20 g magerer Schinken (in kleinen Würfeln)
1 Handvoll Feldsalat, 2 Frühlingszwiebeln
1 Stange Staudensellerie
2 EL Balsamico bianco
75 g Naturjoghurt (0,1 % Fett)

37 % KH, 3 % BST, 35 % F, 25 % EW

Zubereitung wie beim Mischtyp, jedoch mit
Haferflocken im Teig und mit Schinken statt
Äpfeln. Die Haferflocken mit Ei, Quark, Mehl,
Mineralwasser, Salz und Pfeffer verrühren und
den Teig vor dem Backen 15 Min. quellen lassen.
Die Schinkenwürfel statt der Apfelspalten auf
den Pfannkuchen geben.

SCHLANK-TAUSCHBÖRSE: MILCH UND APFELDICKSAFT IM PFANNKUCHENTEIG FÜR DEN VERBRENNERTYP. DER SPEICHER-TYP BÄCKT DEN PFANNKUCHEN PIKANT MIT SCHINKEN STATT MIT APFEL.

GEMÜSEALLERLEI

1x HEUTE, 1x MORGEN

IN SCHINKENRAHMSAUCE MIT NUDELN

M

150 g Vollkornnudeln
(z.B. Spirelli), Salz
300 g Lauch, 250 g Möhren
100 g Zuckerschoten
¼ l Gemüsebrühe
30 g Instant-Haferflocken
(Schmelzflocken)
50 g Schmand
75 g magerer gekochter
Schinken (in kleinen Würfeln)
Pfeffer
frisch geriebene Muskatnuss
2 EL gehackte Petersilie

47 % KH, 6 % BST, 27 % F, 20 % EW

1 Nudeln in reichlich kochendem Salzwasser nach Packungsanweisung bissfest garen. Lauch, Möhren und Zuckerschoten
putzen und waschen bzw. schälen und in mundgerechte Stücke
schneiden und in einen Dämpfeinsatz geben. In einen großen
Topf mit wenig kochendem Salzwasser stellen und das Gemüse
bei mittlerer Hitze 5–7 Min. bissfest dämpfen.
2 Brühe mit Haferflocken und Schmand unter Rühren aufkochen.
Die Schinkenwürfel unterrühren und die Sauce mit Salz, Pfeffer
und Muskatnuss abschmecken. Für eine flüssigere Konsistenz
nach Belieben noch etwas Wasser unter die Sauce rühren.
3 Die Nudeln und das Gemüse in ein Sieb abgießen, kurz abtropfen
lassen und mit der Sauce vermischen. Auf einem tiefen Teller
anrichten und mit der Petersilie bestreuen. 1 Portion sofort
genießen, die andere aufbewahren.

IN CHAMPIGNONRAHMSAUCE MIT NUDELN

V

150 g Vollkornnudeln (z.B. Spirelli), Salz
300 g Lauch, 250 g Möhren, 100 g Zuckerschoten
200 g braune Champignons
1 EL Rapsöl, ¼ l Gemüsebrühe
30 g Schmelzflocken, 50 g Schmand, Pfeffer
frisch geriebene Muskatnuss
5 TL heller Honig (ca. 25 g)
2 EL gehackte Petersilie

55 % KH, 6 % BST, 24 % F, 15 % EW

Zubereitung wie beim Mischtyp, zusätzlich mit
Champignons, Rapsöl und Honig. Pilze putzen,
trocken abreiben und in kleine Würfel schneiden.
Öl in einem Topf erhitzen und die Champignons
darin rundum kurz anbraten. Dann Brühe, Haferflocken und Schmand einrühren und Salz, Pfeffer
und Muskatnuss abschmecken. Zum Schluss den
Honig unter die Sauce rühren. 1 Portion sofort
genießen, die andere aufbewahren.

IN SCHINKENRAHMSAUCE

S

500 g Steckrüben, Salz, 300 g Lauch, 250 g Möhren
100 g Zuckerschoten, ¼ l Gemüsebrühe
30 g Instant-Haferflocken (Schmelzflocken)
40 g Schmand
40 g körniger Frischkäse
100 g magerer gekochter Schinken (in kleinen
Würfeln), Pfeffer, frisch geriebene Muskatnuss
2 EL gehackte Petersilie

38 % KH, 6 % BST, 33 % F, 23 % EW

Zubereitung wie beim Mischtyp, jedoch mit Steck-
rüben-Nudeln statt Vollkornnudeln und zusätzlichem Frischkäse. Steckrüben schälen und mit
dem Kartoffelschäler oder Spiralschneider zu
dünnen Bandnudeln schneiden. Die Steckrüben-
Nudeln in reichlich kochendem Salzwasser 1–2 Min.
bissfest garen, abgießen. Körnigen Frischkäse mit
dem Schmand unter die Sauce rühren. 1 Portion
sofort genießen, die andere aufbewahren.

DER VERBRENNERTYP NIMMT
CHAMPIGNONS STATT SCHINKEN.
DER SPEICHERTYP RÜHRT
FÜR EINE EXTRAPORTION
EIWEISS KÖRNIGEN FRISCHKÄSE
UNTER DIE SAUCE.

ZUCCHINIPFANNE

1x HEUTE, 1x MORGEN

MIT NUDELN UND KÄSE

 M

1 Zwiebel, 1 Zucchini
1 orange Paprikaschote
2 TL Rapsöl
250 g gegarte Hartweizennudeln
(z. B. Makkaroni; vom Vortag)
2 EL gemischte gehackte
Kräuter (TK; z. B. italienische
Art), Salz, Pfeffer
40 g geriebener Emmentaler

50 % KH, 3 % BST, 28 % F, 19 % EW

1 Die Zwiebel schälen und in kleine Würfel schneiden. Die Zucchini putzen, waschen und längs halbieren. Die Hälften quer in Scheiben schneiden. Die Paprikaschote längs halbieren, entkernen, waschen und in schmale Streifen schneiden.

2 Das Öl in einer beschichteten Pfanne erhitzen und die Zwiebelwürfel darin goldgelb anbraten, Zucchini und Paprika dazugeben und kurz mit anbraten. Die Nudeln hinzufügen und alles unter gelegentlichem Rühren bei mittlerer Hitze 5–6 Min. braten.

3 Die Kräuter unterrühren und die Zucchinipfanne mit Salz und Pfeffer abschmecken. Den Emmentaler darüberstreuen und mit geschlossenem Deckel etwas schmelzen lassen. 1 Portion sofort genießen, die andere aufbewahren.

MIT NUDELN UND KÄSE

V

1 Zwiebel
1 Zucchini
1 rote Paprikaschote
2 TL Rapsöl
300 gekochte Hartweizennudeln
(z. B. Makkaroni; vom Vortag)
2 EL gemischte gehackte Kräuter
(TK; z. B. italienische Art)
Salz, Pfeffer
30 g geriebener fettarmer Käse (30 % F. i. Tr.)

59 % KH, 4 % BST, 20 % F, 17 % EW

Zubereitung wie beim Mischtyp, jedoch mit fettarmem Käse statt Emmentaler. 1 Portion sofort genießen, die andere aufbewahren.

MIT REISNUDELN UND KÄSE

S

60 g Reisnudeln
1 Zwiebel
1 Zucchini
1 rote Paprikaschote
2 TL Rapsöl
2 EL gemischte gehackte Kräuter
(TK; z. B. italienische Art)
Salz, Pfeffer
100 g körniger Frischkäse
40 g geriebener Emmentaler

40 % KH, 2 % BST, 35 % F, 23 % EW

Zubereitung wie beim Mischtyp, jedoch mit frisch gekochten Reisnudeln und zusätzlichem Frischkäse. Die Reisnudeln nach Packungsanweisung bissfest garen und in einem Sieb abtropfen lassen. Dann das Rezept damit wie beim Mischtyp beschrieben zubereiten. Zum Schluss den Frischkäse unterrühren und dann den Emmentaler darauf schmelzen lassen. 1 Portion sofort genießen, die andere aufbewahren.

NUDELN SATT UND FETTARMER KÄSE EIGNEN SICH FÜR DEN VERBRENNER-TYP. MIT REISNUDELN UND KÖRNIGEM FRISCHKÄSE WIRD DAS GERICHT SPEICHERTYPEN-GERECHT.

GEMÜSEPUFFER

MIT SÜSSKARTOFFELN UND MÖHREN

 M

1 großer Apfel
1 EL Zitronensaft
1 TL Rohrohrzucker
200 g Süßkartoffeln
100 g Möhren
2 Eier
1 EL zarte Haferflocken
Salz, Pfeffer
1 TL Rapsöl
75 g körniger Frischkäse

47 % KH, 4 % BST, 31 % F, 18 % EW

1 Apfel waschen, vierteln und entkernen. Viertel quer in ca. ½ cm dicke Scheiben schneiden. Mit Zitronensaft, Zucker und 2–3 EL Wasser in einem Topf 30 Sek. kochen, dann abkühlen lassen.
2 Die Süßkartoffeln schälen, die Möhren putzen und schälen. Beides mit der Gemüsereibe grob raspeln. Die Raspel gut mit den Eiern und den Haferflocken vermischen und die Masse mit Salz und Pfeffer würzen.
3 Wenige Tropfen Öl mit einem Pinsel in einer beschichteten Pfanne verteilen und erhitzen. Gemüsemasse esslöffelweise in der Pfanne zu kleinen Puffern verstreichen. Die Puffer bei mittlerer Hitze auf der Unterseite ca. 5 Min. knusprig und goldbraun braten. Dann wenden und auf der zweiten Seite ebenso knusprig und goldbraun braten. Nach und nach die gesamte Masse zu Puffern braten, dabei bei jeder Portion noch tropfenweise Öl in die Pfanne geben.
4 Das Apfelkompott und den körnigen Frischkäse zusammen mit den Puffern anrichten.

MIT KARTOFFELN UND MÖHREN

V

1 großer Apfel
1 EL Zitronensaft
1 TL Rohrohrzucker
2 TL Rosinen
200 g vorwiegend festkochende Kartoffeln
150 g Möhren
1 Ei
1 EL zarte Haferflocken
Salz, Pfeffer, 1 TL Rapsöl
75 g körniger Frischkäse

54 % KH, 4 % BST, 26 % F, 16 % EW

Zubereitung wie beim Mischtyp, jedoch mit Rosinen im Kompott und Kartoffeln statt Süßkartoffeln in den Puffern. Die Rosinen unter das fertige Kompott mischen. Die Kartoffeln schälen, waschen und wie die Möhren grob raspeln.

MIT STECKRÜBE, SELLERIE UND MÖHREN

S

1 großer Apfel
1 EL Zitronensaft
175 g Steckrübe
120 g Knollensellerie
150 g Möhren
2 Eier
2 EL zarte Haferflocken
Salz, Pfeffer
1 TL Rapsöl
100 g körniger Frischkäse

38 % KH, 5 % BST, 35 % F, 22 % EW

Zubereitung wie beim Mischtyp, jedoch ohne Zucker im Kompott und mit Steckrübe und Sellerie statt Süßkartoffel in den Puffern. Die Steckrübe und den Sellerie schälen und wie die Möhren grob raspeln.

JEDEM DAS SEINE: FÜR DEN VERBRENNER-
TYP GIBT ES WENIGER FETT UND EIWEISS.
SPEICHERTYPEN RASPELN FÜR DIE PUFFER
KEINE KARTOFFELN, SONDERN GEMÜSE.

GRÜNE SAUCE

MIT PELLKARTOFFELN UND SCHWEINEBRATEN

300 g festkochende Kartoffeln
Salz, 1 Ei
60 g gemischte Kräuter
(z.B. Petersilie, Schnittlauch,
Sauerampfer, Kerbel, Kresse,
Pimpinelle, Borretsch)
2 EL Kräuteressig
100 g griechischer Joghurt
(10 % Fett), Pfeffer
250 g Rote Bete
(gegart und vakuumiert)
20 g Schweinebratenaufschnitt
(in dünnen Scheiben)

50 % KH, 4 % BST, 26 % F, 20 % EW

1 Die Kartoffeln mit der Schale gründlich waschen und in wenig Salzwasser ca. 20 Min. garen. Die Kartoffeln abgießen, ausdampfen und abkühlen lassen.

2 Das Ei in kochendem Wasser 8–10 Min. hart kochen, kalt abschrecken, pellen und halbieren. Kräuter verlesen, waschen und gut trocken schütteln. Die groben Stiele entfernen, dann alle Kräuter fein hacken.

3 Das Eigelb herauslösen, durch ein feines Sieb in eine kleine Schüssel streichen und mit Essig und Joghurt verrühren. Eiweiß sehr fein würfeln und untermischen. Die Kräuter unter die Sauce rühren und diese mit Salz und Pfeffer abschmecken.

4 Rote Bete in dünne Scheiben schneiden, mit Salz und Pfeffer würzen. Kartoffeln wieder erhitzen (z.B. in der Mikrowelle oder in wenig kochendem Wasser) und pellen. Mit Kräutersauce und kaltem Braten anrichten. Rote Bete dazu reichen.

MIT BRATKARTOFFELN

300 g festkochende Kartoffeln, Salz
1 EL Rapsöl, 60 g gemischte Kräuter (z.B. Petersilie, Schnittlauch, Sauerampfer, Kerbel, Kresse, Pimpinelle, Borretsch)
2 EL Kräuteressig
150 g Naturjoghurt (3,5 % Fett), Pfeffer
250 g Rote Bete (gegart und vakuumiert)
1 EL Rüben- oder Apfelkraut

58 % KH, 4 % BST, 25 % F, 13 % EW

Zubereitung mit Brat- statt Pellkartoffeln und ohne Schweinebratenaufschnitt. Die gegarten, abgekühlten Kartoffeln pellen, in Scheiben schneiden und im Öl rundum goldbraun braten. Grüne Sauce wie beim Mischtyp zubereiten. Rote Bete zum Schluss mit Rüben- oder Apfelkraut verfeinern.

MIT STECKRÜBE UND SCHWEINEBRATEN

500 g Steckrübe, Salz, 2 Eier
60 g gemischte Kräuter (z.B. Petersilie, Schnittlauch, Sauerampfer, Kerbel, Kresse, Pimpinelle, Borretsch), 2 EL Kräuteressig
100 g Naturjoghurt (3,5 % Fett), Pfeffer
2 EL kernige Haferflocken, 1 TL gehackte Mandeln
50 g Schweinebratenaufschnitt
(in dünnen Scheiben)

39 % KH, 4 % BST, 30 % F, 27 % EW

Zubereitung wie beim Mischtyp, jedoch mit Steckrübe statt Kartoffeln sowie Haferflocken und Mandeln. Steckrübe schälen, in kleine Würfel schneiden und in wenig Salzwasser ca. 10 Min. bissfest garen. Haferflocken und Mandeln in einer Pfanne ohne Fett leicht anrösten. Steckrüben mit grüner Sauce und Schweinebratenaufschnitt anrichten. Mit Haferflocken und Mandeln bestreuen.

STATT KARTOFFELN
BEKOMMT DER SPEICHER-
TYP STECKRÜBE UND
REDUZIERT SO DEN
KOHLENHYDRATANTEIL.

WIRSINGAUFLAUF

1x HEUTE, 1x MORGEN

MIT KARTOFFELN

M

Salz
400 g festkochende Kartoffeln
600 g Wirsing
1 rote Paprikaschote
2 Zwiebeln
1 EL Olivenöl
2 EL Tomatenmark
2 EL Schnittlauchröllchen
Pfeffer
3 EL Semmelbrösel
40 g Mandelstifte
1 EL Honig

47 % KH, 6 % BST, 30 % F, 17 % EW

1 Backofen auf 200 °C vorheizen. Salzwasser aufkochen. Kartoffeln schälen, waschen und in 1 cm große Würfel schneiden. Wirsing putzen, waschen, vierteln und in ca. 1 cm breite Streifen schneiden. Beides im kochenden Wasser ca. 8 Min. vorgaren.

2 Paprikaschote längs halbieren, entkernen, waschen und in kleine Würfel schneiden. Zwiebeln schälen und ebenfalls klein würfeln. Olivenöl in einer Pfanne erhitzen und die Paprika- mit den Zwiebelwürfeln darin 5 Min. anbraten. Mit 50 ml Wasser ablöschen, das Tomatenmark und den Schnittlauch hinzufügen. Mit Salz und Pfeffer würzen und 3–4 Min. unter Rühren kochen lassen.

3 Wirsing und Kartoffeln in ein Sieb abgießen und gut abtropfen lassen. Die Hälfte davon in eine ofenfeste Form geben, mit Salz und Pfeffer würzen und mit der Zwiebelmischung bedecken. Restlichen Wirsing und Kartoffeln darauf verteilen und mit Semmelbröseln und Mandeln bestreuen. Auflauf im Ofen (Mitte) ca. 25 Min. backen. Zuletzt den Honig darüberträufeln. 1 Portion sofort genießen, die andere aufbewahren.

MIT KARTOFFELN UND PFLAUMEN

V

Salz, 400 g festkochende Kartoffeln
600 g Wirsing, 1 rote Paprikaschote
2 Zwiebeln, 75 g getrocknete Pflaumen
1 EL Olivenöl
2 EL Tomatenmark
2 EL Schnittlauchröllchen, Pfeffer
3 EL Semmelbrösel
40 g Mandelstifte, 2 EL Honig (30 g)

53 % KH, 6 % BST, 26 % F, 15 % EW

Zubereitung wie beim Mischtyp, jedoch mit Pflaumen. Diese in Streifen schneiden und mit den Zwiebeln und Paprikastücken mischen. Außerdem für einen besseren glykämischen Index die Kartoffeln zunächst vorgaren und abkühlen lassen, erst dann mit dem Wirsing mischen. 1 Portion sofort genießen, die andere aufbewahren.

MIT STECKRÜBE UND HACKFLEISCH

S

Salz, 400 g Steckrübe
600 g Wirsing, 1 rote Paprikaschote
2 Zwiebeln, 1 EL Olivenöl
150 g mageres Rinderhackfleisch
2 EL Tomatenmark
2 EL Schnittlauchröllchen, Pfeffer
3 EL Semmelbrösel, 40 g Mandelstifte
1 EL Honig

35 % KH, 6 % BST, 32 % F, 27 % EW

Zubereitung wie beim Mischtyp, mit Steckrübe statt Kartoffeln und mit Hackfleisch. Steckrübe schälen, klein würfeln und mit dem Wirsing garen. Hackfleisch im heißen Öl anbraten, dann Paprika und Zwiebeln dazugeben und mitbraten. Restliche Zubereitung wie beim Mischtyp. 1 Portion sofort genießen, die andere aufbewahren.

DER MISCH- UND DER VERBRENNER-
TYP KOCHEN FLEISCHLOS,
DER SPEICHERTYP BEKOMMT MAGERES
RINDERHACK INS OFENGERICHT.

GEMÜSEQUICHE

1x HEUTE, 1x MORGEN

MIT ROSINEN

 M

200 g Möhren, 150 g TK-Erbsen
Salz, 50 g Zwieback
30 g gemahlene Mandeln
30 g Magerquark
40 g kernige Haferflocken
25 g Rosinen
2 Eier
100 ml Milch (1,5 % Fett)
2 EL Schnittlauchröllchen
Pfeffer
Kresse zum Garnieren
(nach Belieben; z. B. Garten-
oder Rettichkresse)

46 % KH, 5 % BST, 29 % F, 20 % EW

1 Die Möhren putzen, schälen und in 1–2 cm große Würfel schneiden. Zusammen mit den Erbsen und wenig Wasser in einen Topf geben, salzen, aufkochen und zugedeckt 10 Min. köcheln lassen.

2 Inzwischen den Backofen auf 200 °C vorheizen. Den Zwieback im Blitzhacker fein zerbröseln und mit Mandeln, Quark und 3–4 EL Wasser vermengen. Die Zwiebackmasse auf dem Boden einer Springform (20 cm Ø) verteilen und gut andrücken. Die Hälfte der Haferflocken daraufstreuen.

3 Möhren und Erbsen in ein Sieb abgießen, gut abtropfen lassen und mit den Rosinen vermischen. Die Gemüsemischung auf den Zwiebackboden in die Springform geben.

4 Die Eier mit der Milch und dem Schnittlauch verquirlen. Die Eiermasse mit Salz und Pfeffer würzen, gleichmäßig auf dem Gemüse verteilen und mit den restlichen Haferflocken bestreuen. Die Gemüsequiche im Ofen (Mitte) ca. 20 Min. backen. Nach Belieben mit Kresse bestreuen. 1 Portion sofort genießen, die andere aufbewahren.

MIT HONIGROSINEN

V

200 g Möhren, 150 g TK-Erbsen
Salz, 50 g Zwieback
30 g gemahlene Mandeln
30 g Magerquark
40 g kernige Haferflocken
50 g Rosinen, 1 EL Honig
2 Eier
100 ml Milch (1,5 % Fett)
2 EL Schnittlauchröllchen
Pfeffer
Kresse zum Garnieren (nach Belieben;
z. B. Garten- oder Rettichkresse)

52 % KH, 5 % BST, 26 % F, 17 % EW

Zubereitung wie beim Mischtyp, jedoch mit Honig. Den Honig mit den Rosinen unter die Möhren und Erbsen mischen. 1 Portion sofort genießen, die andere aufbewahren.

MIT FRISCHKÄSE

S

200 g Möhren, 150 g TK-Erbsen
Salz, 50 g Zwieback
30 g gemahlene Mandeln
30 g Magerquark
40 g kernige Haferflocken
2 Eier
100 ml Milch (1,5 % Fett)
100 g körniger Frischkäse
2 EL Schnittlauchröllchen
Pfeffer
Kresse zum Garnieren (nach Belieben; z. B. Garten-
oder Rettichkresse)

39 % KH, 5 % BST, 32 % F, 24 % EW

Zubereitung wie beim Mischtyp, jedoch ohne Rosinen und mit körnigem Frischkäse. Den Frischkäse mit den Eiern und der Milch zum Guss verquirlen. 1 Portion sofort genießen, die andere aufbewahren.

FÜR VERBRENNERTYPEN KOMMEN
KOHLENHYDRATE AUS HONIG INS
SPIEL, FÜR SPEICHERTYPEN MEHR
EIWEISS AUS FRISCHKÄSE.

FLAMMKUCHEN

MIT ZWIEBELN UND SCHINKEN

80 g Dinkelmehl (Type 1050)
Salz, 1 TL Rapsöl
40 g saure Sahne (10 % Fett)
60 g körniger Frischkäse, Pfeffer
1 rote Zwiebel (ca. 60 g)
50 g Cocktailtomaten
(verschiedene Farben)
30 g magerer roher Schinken
(in kleinen Würfeln)
1 EL Schnittlauchröllchen
Mehl zum Ausrollen

47 % KH, 2 % BST, 32 % F, 19 % EW

1 Den Backofen auf 250 °C vorheizen, ein Backblech mit Backpapier auslegen. Das Mehl mit ¼ TL Salz, Öl und ca. 4 EL Wasser zu einem glatten, geschmeidigen Teig verkneten. Den Teig auf der leicht bemehlten Arbeitsfläche zu einem möglichst dünnen Fladen ausrollen. Den Teigfladen auf das vorbereitete Blech heben.

2 Die saure Sahne mit dem Frischkäse sowie etwas Salz und Pfeffer verrühren. Die Sahnemasse auf dem Teig verstreichen, dabei einen ca. 1 cm breiten Rand frei lassen.

3 Die Zwiebel schälen und in sehr dünne Spalten schneiden, die Tomaten waschen und jeweils halbieren. Zwiebelspalten, Tomaten und Schinkenwürfel gleichmäßig auf dem Teig verteilen.

4 Den Flammkuchen im Ofen (unten) ca. 12 Min. knusprig backen. Herausnehmen und mit Schnittlauchröllchen bestreuen.

MIT ZWIEBELN UND FEIGEN

80 g Dinkelmehl (Type 1050), Salz, 2 TL Rapsöl
40 g saure Sahne (10 % Fett)
60 g körniger Frischkäse
Pfeffer, 1 rote Zwiebel
50 g Cocktailtomaten (verschiedene Farben)
2 kleine Feigen
1 EL Akazienhonig
1 EL Schnittlauchröllchen
Mehl zum Ausrollen

57 % KH, 3 % BST, 26 % F, 14 % EW

Zubereitung wie beim Mischtyp, jedoch ohne Schinken und mit Feigen sowie Honig. Die Feigen waschen und in Spalten schneiden, dabei den Stielansatz entfernen. Die Feigenspalten mit den Zwiebelspalten und den Tomaten auf dem Quiche-boden verteilen. Zuletzt die Quiche mit dem Honig beträufeln und mit Schnittlauch bestreuen.

MIT LOW-CARB-BODEN, ZWIEBELN UND SCHINKEN

200 g Blumenkohlröschen, 1 Ei (Größe S)
40 g zarte Haferflocken
20 g Kichererbsenmehl (z. B. aus dem Bioladen)
Salz, Pfeffer
100 g körniger Frischkäse
1 rote Zwiebel
50 g Cocktailtomaten (verschiedene Farben)
30 g magerer roher Schinken (in kleinen Würfeln)
1 EL Schnittlauchröllchen

35 % KH, 5 % BST, 30 % F, 30 % EW

Zubereitung mit einem Blumenkohlboden. Backofen auf 225 °C vorheizen, ein Backblech mit Backpapier belegen. Blumenkohl waschen, fein raspeln und mit Ei, Haferflocken, Kichererbsenmehl, Salz und Pfeffer verrühren. Die Masse auf dem Backpapier zu einem dünnen Fladen formen und diesen im Ofen 15 Min. hellgoldbraun vorbacken. Temperatur auf 250 °C erhöhen. Den Belag wie beim Mischtyp zubereiten, den Blumenkohlboden damit belegen und den Flammkuchen backen.

DIE LOW-CARB-VARIANTE MIT
BLUMENKOHLBODEN IST IDEAL
FÜR SPEICHERTYPEN.

KAISERSCHMARREN

1x HEUTE, 1x MORGEN

MIT ZWETSCHGENKOMPOTT

20 g Rosinen, 2 EL Orangensaft
250 g Zwetschgen
1 EL Apfeldicksaft
2 EL Zitronensaft
3 Eier, 100 g Magerquark
6 EL Milch (1,5 % Fett)
1 TL abgeriebene Bio-Zitronenschale, 1 TL gemahlene Vanille
1 Prise Zimtpulver
1 EL gehackte Mandeln
100 g Weizenmehl (Type 1050)
1 EL Butter
½ TL Puderzucker

48 % KH, 3 % BST, 29 % F, 20 % EW

1 Rosinen im Orangensaft einweichen. Zwetschgen waschen, vierteln und entsteinen. Mit Apfeldicksaft und Zitronensaft aufkochen und zugedeckt 4–5 Min. köcheln lassen. Vom Herd nehmen, abkühlen lassen.

2 Eier trennen. Eigelbe mit Quark, Milch, Zitronenschale, Vanille, Zimt und Mandeln verrühren. Eiweiße steif schlagen. Den Eischnee auf die Quarkcreme setzen, das Mehl darübersieben und alles locker mit einem Teigspatel unterheben.

3 Butter in einer großen beschichteten Pfanne erhitzen. Den Teig hineingeben und bei schwacher Hitze auf der Unterseite goldbraun backen. Pfannkuchen mit zwei Pfannenwendern in Stücke reißen und wenden. Rosinen dazwischen verteilen und die Teigstücke auf der zweiten Seite goldbraun backen. Mit wenig Puderzucker bestäuben und mit dem Kompott anrichten. 1 Portion sofort genießen, die andere aufbewahren.

MIT ZWETSCHGEN-APFEL-KOMPOTT

20 g Rosinen, 3 EL Orangensaft
300 g Zwetschgen, 1 Apfel
2 EL Apfeldicksaft, 2 EL Zitronensaft
3 Eier (getrennt), 6 EL Milch (1,5 %)
1 TL abgeriebene Bio-Zitronenschale
1 TL gemahlene Vanille, 1 Prise Zimtpulver
1 EL gehackte Mandeln
100 g Weizenmehl (Type 1050)
2 EL zarte Haferflocken, 1 EL Butter

55 % KH, 4 % BST, 27 % F, 14 % EW

Zubereitung wie beim Mischtyp, jedoch mit Apfel im Kompott, ohne Quark und mit Haferflocken im Schmarren. Den Apfel waschen, trocken reiben, vierteln, entkernen, in dünne Spalten schneiden und diese mit den Zwetschgen garen. Die Haferflocken zuletzt unter den Teig heben. 1 Portion sofort genießen, die andere aufbewahren.

MIT ZWETSCHGENCREME

20 g Rosinen, 3 EL Orangensaft
100 g Zwetschgen
150 g leichter Frischkäse (5 % Fett)
3 Eier, 100 g Magerquark
6 EL Milch (1,5 % Fett)
1 TL abgeriebene Bio-Zitronenschale
1 TL gemahlene Vanille, 1 Prise Zimtpulver
1 EL gehackte Mandeln
100 g zarte Haferflocken, 1 EL Butter

37 % KH, 3 % BST, 35 % F, 25 % EW

Zubereitung des Schmarrens wie beim Mischtyp, jedoch ohne Mehl. Die Haferflocken statt des Mehls unter den Teig heben. Für die Zwetschgencreme die Zwetschgen waschen, halbieren, entsteinen und in kleine Stücke schneiden. Mit wenig Wasser in einem Topf weich kochen und abkühlen lassen. Dann mit dem Frischkäse glatt rühren, mit dem Schmarren anrichten. 1 Portion sofort genießen, die andere aufbewahren.

VERBRENNERTYPEN REICHERN
DAS KOMPOTT MIT APFEL AN
UND GEBEN ZUSÄTZLICH HAFER-
FLOCKEN IN DEN TEIG.

BRATÄPFEL

MIT VANILLE-QUARK-SAUCE

 M

20 g Rosinen, 2 EL Orangensaft
30 g körniger Frischkäse
1 EL gehackte Mandeln
1 Prise Zimtpulver
2 säuerliche Äpfel
1 EL Zitronensaft
125 ml Milch (3,5 % Fett)
½ TL gemahlene Vanille
1 TL Speisestärke
80 g Speisequark (20 % Fett i. Tr.)
1 TL Apfeldicksaft

51 % KH, 3 % BST, 31 % F, 15 % EW

1 Backofen auf 200 °C vorheizen. Rosinen in einem Sieb heiß waschen, trocken tupfen, klein hacken und in einer Tasse mit dem Orangensaft 5 Min. quellen lassen. Dann mit körnigem Frischkäse, Mandeln und Zimt mischen.

2 Äpfel waschen und längs halbieren. Kerngehäuse herausschneiden oder ausstechen. Die Apfelhälften mit der Schnittfläche nach oben in eine ofenfeste Form setzen. Das Fruchtfleisch mit Zitronensaft beträufeln und die Rosinenmischung anstelle des Kerngehäuses hineinfüllen. Die Äpfel im Ofen (Mitte) 25–30 Min. backen.

3 Inzwischen die Milch mit Vanillepulver und Speisestärke in einem kleinen Topf verquirlen. Die Mischung unter ständigem Rühren zum Kochen bringen, dann von der Herdplatte nehmen. Den Quark und den Apfeldicksaft mit einem Schneebesen unterrühren. Die Äpfel mit der Sauce genießen.

MIT VANILLE-HONIG-SAUCE

V

20 g Rosinen, 2 EL Orangensaft
30 g körniger Frischkäse
1 EL gehackte Mandeln, 1 Prise Zimtpulver
2 säuerliche Äpfel
1 EL Zitronensaft, 125 ml Milch (3,5 % Fett)
½ TL gemahlene Vanille, 1 TL Speisestärke
25 g Honig
75 g leichter Frischkäse (5 % Fett)

58 % KH, 3 % BST, 25 % F, 14 % EW

Zubereitung wie beim Mischtyp, jedoch ohne Quark und Apfeldicksaft in der Sauce, diese dafür mit Honig und leichtem Frischkäse. Für die Sauce die Milch mit Vanille, Stärke und Honig verrühren und aufkochen, anschließend den Frischkäse einrühren.

MIT VANILLE-FRISCHKÄSE-CREME

S

180 g körniger Frischkäse
1 EL gehackte Mandeln (ca. 10 g)
1 Prise Zimtpulver
2 säuerliche Äpfel
1 EL Zitronensaft
150 g Naturjoghurt (1,5 % Fett)
½ TL gemahlene Vanille
1 TL Apfeldicksaft

41 % KH, 3 % BST, 33 % F, 23 % EW

Backofen auf 200 °C vorheizen. Für die Füllung 30 g körnigen Frischkäse mit Mandeln und Zimt mischen. Äpfel vorbereiten und mit der Schnittfläche nach oben in eine ofenfeste Form setzen. Fruchtfleisch mit Zitronensaft beträufeln und die Frischkäsefüllung anstelle des Kerngehäuses hineingeben. Im Ofen (Mitte) 25–30 Min. backen. Den restlichen körnigen Frischkäse mit Joghurt, Vanillepulver und Apfeldicksaft verrühren. Die Creme zu den Bratäpfeln genießen.

KEINE ROSINEN, ABER EINE
FEINE FRISCHKÄSESAUCE
ZU DEN BRATÄPFELN – SO WIRD'S
SPEICHERTYP-VERTRÄGLICH.

SO GEHT ABNEHMEN EINEN GANG SCHNELLER

TURBO

WER SCHON VIELE DIÄTEN GEMACHT HAT, NIMMT OFT NUR SEHR LANGSAM ODER GAR NICHT AB. MIT UNSEREN KALORIENARMEN TURBO-REZEPTEN KANNST DU DEINEN ERFOLG BESCHLEUNIGEN. ABER NICHT ÜBERTREIBEN!

Du hast schon unzählige Diäten gemacht und danach immer wieder zugenommen? Du kennst dich mit Kalorienmengen gut aus, hältst auch eine vernünftige, gesunde Ernährungsweise durch, nimmst aber trotzdem nicht ab? Oder du hast es besonders eilig? Möchtest schnell wieder in deine Jeans passen? Dann kannst du dein Deutschlank-Programm hin und wieder mit unseren kalorienarmen Turbo-Rezepten ergänzen. Wichtig: Übertreibe es nicht! Du darfst weder fasten noch hungern. Der Körper braucht Kalorien, sonst gerät er in einen Hungerzustand, baut Muskeln ab und reagiert mit dem gefürchteten Jo-Jo-Effekt: Er lagert verstärkt Energie in den Fettpolstern ein, und das Abnehmen wird noch schwerer.

Du hast abgenommen – aber leider nicht an Bauch, Hüften und Po, wo du es gern hättest, sondern an den Stellen, an denen du es gar nicht wolltest? Die Muskeln sind plötzlich weg, eventuell ist die Haut erschlafft. Das passiert, wenn du übertreibst. Denn Fasten frisst Muskeln. Also denke daran: Eine gewisse Kohlenhydratmenge und ausreichend Eiweiß erhalten die Muskulatur und verhindern den Jo-Jo-Effekt.

BUNTER BLATTSALAT

MIT EI UND APFEL

1 Ei
2 TL Sonnenblumenkerne
2 EL Apfelessig
1 TL Senf
Salz, Pfeffer
2 EL Apfeldicksaft
100 g Naturjoghurt (0,1 % Fett)
50 g gemischte zarte Salatblätter
(z. B. Kopf- oder Pflücksalate)
80 g Möhren
1 rotschaliger Apfel

50 % KH, 3 % BST, 29 % F, 18 % EW

1 Das Ei in kochendem Wasser 8 Min. wachsweich garen, dann kalt abschrecken.

2 Während das Ei kocht, die Sonnenblumenkerne in einer Pfanne ohne Fett leicht anrösten und abkühlen lassen. Den Apfelessig mit Senf, etwas Salz und Pfeffer, Apfeldicksaft und Joghurt verrühren. Das Dressing mit Salz und Pfeffer abschmecken.

3 Die Salatblätter putzen, waschen und trocken schütteln. Die Möhren putzen, schälen und schräg in dünne Scheiben schneiden oder hobeln. Den Apfel waschen, trocken reiben, entkernen und in schmale Spalten schneiden.

4 Salatblätter, Möhrenscheiben und Apfelspalten mischen und auf einen Teller geben. Mit dem Dressing beträufeln und mit den Sonnenblumenkernen bestreuen. Das Ei pellen, halbieren und auf dem Salat anrichten.

MIT EI UND APFEL

1 Ei (Größe S)
1 TL Sonnenblumenkerne
2 EL Apfelessig
1 TL Senf, Salz, Pfeffer
2 EL Apfeldicksaft
50 g Naturjoghurt (0,1 % Fett)
50 g gemischte zarte Salatblätter
(z. B. Kopf- oder Pflücksalate)
100 g Möhren, 1 rotschaliger Apfel

55 % KH, 4 % BST, 27 % F, 14 % EW

Zubereitung wie beim Mischtyp.

MIT EIERN, APFEL UND CHAMPIGNONS

2 Eier, 2 EL Apfelessig
1 TL Senf, Salz, Pfeffer
1 EL Apfeldicksaft
100 g Naturjoghurt (0,1 % Fett)
50 g gemischte zarte Salatblätter
(z. B. Kopf- oder Pflücksalate)
30 g Möhren
1 kleiner rotschaliger Apfel
100 g kleine feste Champignons

40 % KH, 4 % BST, 31 % F, 25 % EW

Zubereitung wie beim Mischtyp, jedoch ohne Sonnenblumenkerne und mit Champignons. Pilze putzen, in Scheiben schneiden und auf den Salat geben. Alternativ die Champignons halbieren, in einer beschichteten Pfanne anbraten und warm auf den Salat geben.

WER EIN SPEICHERTYP IST, KANN
SEINEN SALAT MIT FEINEN PILZSCHEIBEN
UND EINEM EI EXTRA KRÖNEN.

KOHLRABI-APFEL-ROHKOST

MIT EI UND KARTOFFELN

 M

150 g festkochende Kartoffeln
Salz
1 Ei
2 kleine Kohlrabi (mit Grün)
1 kleiner rotschaliger Apfel
2 EL Zitronensaft
10 g Mandelblättchen
100 g Naturjoghurt (0,1 % Fett)
2 TL Instant-Haferflocken
Pfeffer

49 % KH, 4 % BST, 28 % F, 19 % EW

1 Kartoffeln schälen, in Spalten schneiden und in wenig Salzwasser gerade gar kochen. Das Ei in ca. 10 Min. hart kochen.
2 Von den Kohlrabi das Grün abschneiden, waschen und beiseitelegen. Die Knollen schälen und auf dem Gemüsehobel in dünne Scheiben schneiden. Den Apfel waschen, trocken reiben und vierteln, das Kerngehäuse entfernen. Die Apfelviertel in dünne Spalten schneiden und mit dem Zitronensaft beträufeln. Kohlrabischeiben und Apfelviertel auf einem Teller anrichten.
3 Die Mandelblättchen in einer kleinen unbeschichteten Pfanne ohne Fett goldgelb anrösten und abkühlen lassen. Den Joghurt mit den zarten Kohlrabiblättern und den Haferflocken mit dem Stabmixer fein pürieren. Das Dressing mit Salz und Pfeffer abschmecken und über die Kohlrabi-Apfel-Rohkost träufeln. Die Mandelblättchen darüberstreuen.
4 Kartoffeln abgießen, das Ei kalt abschrecken, pellen und in Scheiben oder Spalten schneiden. Beides auf den Salat geben und mit Kohlrabiblättchen garnieren.

MIT KARTOFFELN

V

150 g festkochende Kartoffeln
2 kleine Kohlrabi (mit Grün)
1 großer rotschaliger Apfel
2 EL Zitronensaft, 15 g Mandelblättchen
100 g Naturjoghurt (0,1 % Fett)
2 TL Instant-Haferflocken (Schmelzflocken)
Salz, Pfeffer

58 % KH, 5 % BST, 23 % F, 14 % EW

Zubereitung wie beim Mischtyp, jedoch ohne Ei.

MIT EIERN

S

2 Eier, 2 kleine Kohlrabi (mit Grün)
1 rotschaliger Apfel
2 EL Zitronensaft
120 g Naturjoghurt (0,1 % Fett)
2 TL Instant-Haferflocken (Schmelzflocken)
Salz, Pfeffer
1 TL Mandelblättchen

37 % KH, 3 % BST, 35 % F, 25 % EW

Zubereitung wie beim Mischtyp.

 Tipp Mach es dir zur Gewohnheit, das zarte Blattgrün von Kohlrabiknollen mit zu verwenden – es liefert Geschmack und eine Extraportion an Vitaminen. Und du musst keine weitere Zutat einkaufen.

DIE EIWEISSBETONTE VARIANTE
GIBT'S FÜR DEN SPEICHER-,
EIN PLUS AN KOHLENHYDRATEN
AUS APFEL UND FLOCKEN FÜR
DEN VERBRENNERTYP.

SPINATSALAT MIT ZWIEBELN

UND OMELETTSTREIFEN

 M

75 g Blattspinat
1 große rote Zwiebel
1 Ei
Salz, Pfeffer
getrockneter Thymian
1 TL Butter
2 EL Weißweinessig
1 TL scharfer Senf
50 g Naturjoghurt (0,1 % Fett)
1 Vollkornbrötchen (ca. 60 g)

47 % KH, 5 % BST, 28 % F, 20 % EW

1 Den Spinat verlesen, waschen, von groben Stielen befreien und gut trocken schütteln oder schleudern. Die Zwiebel schälen und in feine Würfel oder dünne Spalten schneiden. Spinat und Zwiebel auf einem Teller mischen.

2 Das Ei verquirlen und mit Salz, Pfeffer und Thymian würzen. Die Butter in einer kleinen beschichteten Pfanne erhitzen und das Ei darin bei mittlerer Hitze braten, bis es an der Oberfläche fast ganz gestockt ist. Dann das Omelett wenden und fertig braten. Aus der Pfanne nehmen, aufrollen und in Streifen schneiden. Die Omelettstreifen auf den Salat geben.

3 Den Essig mit dem Senf und dem Joghurt verrühren. Das Dressing mit Salz und Pfeffer abschmecken und über den Salat verteilen. Das Brötchen dazu essen.

UND OMELETTSTREIFEN UND APFELRINGEN

V

75 g Blattspinat
1 große rote Zwiebel
20 g getrocknete Apfelringe
1 Ei (Größe S)
Salz, Pfeffer
getrockneter Thymian
1 TL Butter
2 EL Weißweinessig
1 TL scharfer Senf
50 g Naturjoghurt (1,5 % Fett)
1 großes Vollkornbrötchen (ca. 70 g)

54 % KH, 5 % BST, 24 % F, 17 % EW

Zubereitung wie beim Mischtyp, jedoch mit getrockneten Apfelringen. Diese klein schneiden und mit Spinat und Zwiebeln auf dem Teller mischen.

UND FRISCHKÄSE-OMELETT

S

75 g Blattspinat
1 große rote Zwiebel
1 Ei
75 g körniger Frischkäse
Salz, Pfeffer
getrockneter Thymian
1 TL Butter
2 EL Weißweinessig
1 TL scharfer Senf
50 g Naturjoghurt (3,5 % Fett)
1 Vollkornbrötchen (ca. 60 g)

39 % KH, 4 % BST, 32 % F, 25 % EW

Zubereitung wie beim Mischtyp, jedoch mit Frischkäse. Diesen mit dem Ei für das Omelett verquirlen oder alternativ den Frischkäse separat lassen und mit dem Omelett auf den Salat geben.

KÖRNIGER FRISCHKÄSE IST IDEAL FÜR DEN SPEICHERTYP, DER DAMIT SEINEN EIWEISS-ANTEIL ERHÖHT.

BADISCHER SPARGELSALAT

MIT SCHINKEN UND WALNUSSBROT

 M

400 g grüner Spargel
Salz
2 EL Rotweinessig
Pfeffer
1 EL Apfeldicksaft
1 TL Senf
2 TL Walnussöl
20 g Kerbel
2 dünne Scheiben Schwarz-
wälder Schinken (ca. 20 g)
3–4 kleine Scheiben Walnussbrot (ca. 60 g)

46 % KH, 5 % BST, 31 % F, 18 % EW

1 Den Spargel waschen und im unteren Drittel schälen, die holzigen Enden abschneiden. Die Stangen in mundgerechte Stücke
schneiden und diese zugedeckt in einem Topf in wenig Salzwasser 5–10 Min. bissfest dünsten.
2 Inzwischen den Essig mit Salz, Pfeffer, Apfeldicksaft und dem
Senf verrühren. Das Öl und 2–3 EL Spargelkochwasser mit dem
Schneebesen unterschlagen.
3 Den Spargel in ein Sieb abgießen und abtropfen lassen. Dann
auf einen Teller geben und mit dem Dressing beträufeln.
4 Den Kerbel waschen und trocken schleudern, grobe Stiele entfernen. Den Kerbel grob hacken und mit dem Schinken auf dem
Salat anrichten. Das Brot dazulegen.

MIT MÖHREN UND WALNUSSBROT

V

400 g grüner Spargel
200 g Möhren, Salz
2 EL Rotweinessig
Pfeffer
2 TL Apfeldicksaft
1 TL Senf
2 TL Walnussöl
20 g Kerbel
2–3 kleine Scheiben Walnussbrot (ca. 60 g)

55 % KH, 8 % BST, 23 % F, 14 % EW

Zubereitung wie beim Mischtyp, jedoch mit
Möhren und ohne Schinken. Die Möhren putzen,
schälen, in spargelähnliche Streifen schneiden
und zugedeckt in einem Topf in wenig Wasser
bissfest garen. Mit dem Spargel auf dem Teller
anrichten oder am Schluss mit dem Kerbel über
den Salat geben.

MIT SCHINKEN UND WALNUSSBROT

S

400 g grüner Spargel, Salz
2 EL Rotweinessig, Pfeffer
1 EL Apfeldicksaft
1 TL Senf, 2 TL Walnussöl
20 g Kerbel
3 dünne Scheiben Schwarzwälder Schinken
(ca. 30 g)
2 dünne Scheiben Walnussbrot (ca. 40 g)
50 g Magerquark

39 % KH, 4 % BST, 33 % F, 24 % EW

Zubereitung wie beim Mischtyp. Den Quark dazu
genießen.

FÜR VERBRENNERTYPEN HEISST ES HIER: MÖHREN STATT SCHINKEN. FÜR SPEICHERTYPEN: 1 SCHEIBE SCHINKEN EXTRA.

ROTE-BETE-SALAT

MIT CAMEMBERT UND VOLLKORNTOAST

 M

200 g Rote Bete (gegart und
vakuumiert)
1 Romanasalatherz
1 EL Rapsöl
3 EL Rotweinessig
Salz, Pfeffer
½–1 TL geriebener Meerrettich
(frisch oder aus dem Glas)
50 g fettarmer Camembert
30 g Rosinen
1 Scheibe Vollkorntoastbrot

1 Die Rote Bete in Scheiben schneiden. 2 Scheiben in kleine Würfel
schneiden, die restlichen Scheiben auf einem Teller auslegen.
2 Den Salat putzen, waschen und längs halbieren. Die Hälften auf
die Rote-Bete-Scheiben legen und mit den Rote-Bete-Würfeln
bestreuen.
3 Das Öl mit dem Essig, etwas Salz und Pfeffer und dem Meerrettich verrühren. Das Dressing nochmals mit Salz und Pfeffer
abschmecken und über den Salat träufeln.
4 Den Camembert in mundgerechte Stücke schneiden und mit
den Rosinen auf dem Salat verteilen. Das Brot toasten und dazu
essen.

46 % KH, 4 % BST, 31 % F, 19 % EW

MIT CAMEMBERT UND BIRNE

V

180 g Rote Bete (gegart und vakuumiert)
1 Birne
1 Romanasalatherz
1 EL Rapsöl, 3 EL Rotweinessig
Salz, Pfeffer
½–1 TL geriebener Meerrettich
(frisch oder aus dem Glas)
20 g fettarmer Camembert
30 g Rosinen

56 % KH, 6 % BST, 26 % F, 12 % EW

Zubereitung wie beim Mischtyp, jedoch ohne Brot
und mit Birne. Die Birne waschen, trocken reiben,
vierteln, entkernen und in dünne Spalten schneiden. Die Birnenspalten mit den Rote-Bete-Scheiben auf dem Teller anrichten.

MIT CAMEMBERT

S

200 g Rote Bete (gegart und vakuumiert)
1 Romanasalatherz
1 EL Rapsöl
3 EL Rotweinessig
Salz, Pfeffer
½–1 TL geriebener Meerrettich
(frisch oder aus dem Glas)
75 g fettarmer Camembert
30 g Rosinen

37 % KH, 3 % BST, 36 % F, 24 % EW

Zubereitung wie beim Mischtyp, jedoch ohne Brot.

DER VERBRENNERTYP
LÄSST SICH DAZU EINE
SÜSSE BIRNE SCHMECKEN.

HERBSTSALAT MIT BIRNE

UND GEBRATENEN PILZEN

 M

250 g gemischte Pilze (z.B.
Champignons, Kräuterseitlinge,
Austernpilze), 1 EL Rapsöl
Salz, Pfeffer
Paprikapulver (edelsüß)
60 g Cocktailtomaten
1 Birne, 60 g Feldsalat
2 EL Tomatenmark
1 EL Birnendicksaft
20 g Frischkäse mit Joghurt
(ca. 14 % Fett)
60 ml Milch (1,5 % Fett)
2 EL Birnenessig

45 % KH, 7 % BST, 30 % F, 18 % EW

1 Die Pilze putzen, mit Küchenpapier trocken abreiben und klein schneiden. Das Öl in einer beschichteten Pfanne erhitzen und die Pilze darin bei starker Hitze rundum kurz anbraten. Dann mit Salz, Pfeffer und Paprikapulver würzen und bei mittlerer Hitze ca. 5 Min. braten.

2 Die Tomaten waschen und halbieren. Die Birne waschen, trocken reiben und vierteln, das Kerngehäuse entfernen. Die Birnenviertel in dünne Spalten schneiden. Den Feldsalat verlesen, waschen und trocken schleudern.

3 Tomatenmark, Birnendicksaft, Frischkäse, Milch und Essig in einem Schälchen zu einem Dressing verrühren. Das Dressing mit Salz und Pfeffer abschmecken. Nach Belieben für eine dünnflüssigere Konsistenz noch etwas Wasser unterrühren.

4 Salat, Birnen und Tomaten auf einem großen Teller anrichten. Die Pilze daraufgeben und alles mit dem Dressing beträufeln.

UND GEBRATENEN PILZEN

 V

200 g gemischte Pilze (z.B. Champignons,
Kräuterseitlinge, Austernpilze), 2 TL Rapsöl
Salz, Pfeffer, Paprikapulver (edelsüß)
60 g Cocktailtomaten
2 kleine Birnen, 60 g Feldsalat
2 EL Tomatenmark
1 EL Birnendicksaft
70 ml Milch (1,5 % Fett)
2 EL Birnenessig

54 % KH, 8 % BST, 23 % F, 15 % EW

Zubereitung wie beim Mischtyp, jedoch ohne
Frischkäse im Dressing.

UND GEBRATENEN PILZEN UND PAPRIKA

S

250 g gemischte Pilze (z.B. Champignons,
Kräuterseitlinge, Austernpilze), 1 EL Rapsöl
Salz, Pfeffer, Paprikapulver (edelsüß)
60 g Cocktailtomaten
1 kleine Birne, 1 kleine rote Paprikaschote
60 g Feldsalat, 2 EL Tomatenmark
50 g Frischkäse mit Joghurt (ca. 14 % Fett)
75 ml Milch (1,5 % Fett)
2 EL Birnenessig

36 % KH, 7 % BST, 33 % F, 24 % EW

Zubereitung wie beim Mischtyp, ohne Dicksaft,
dafür mit mehr Frischkäse im Dressing und mit
Paprikaschote. Die Paprika halbieren, entkernen,
waschen und in kleine Stücke schneiden. Mit Salat, Birnen und Tomaten auf dem Teller anrichten.

MIT EINER PAPRIKASCHOTE
ZUSÄTZLICH IST DER SALAT
AUF DEN SPEICHERTYP
ZUGESCHNITTEN, FÜR DEN
VERBRENNERTYP GIBT'S
EINE BIRNE EXTRA.

MÖHREN-LINSEN-SALAT

1x HEUTE, 1x MORGEN

MIT ORANGENDRESSING UND NÜSSEN

 M

120 g kleine Linsen (z. B. Belugalinsen), Salz
300 g Möhren
120 g Frühlingszwiebeln
1 EL Walnussöl
3 EL Orangensaft
3 EL Weißweinessig
2 EL Honig, Pfeffer
Paprikapulver (nach Belieben
geräuchert oder edelsüß)
20 g gemischte Nusskerne
einige Salatblätter (nach Belieben; z. B. Rucola oder junge
Rote-Bete-Blätter)

46 % KH, 8 % BST, 28 % F, 18 % EW

1 Linsen in einem kleinen Topf mit Wasser bedecken, leicht salzen, zum Kochen bringen und zugedeckt ca. 15 Min. bissfest garen.
2 Inzwischen die Möhren putzen, schälen und in kleine Würfel schneiden oder mit der Gemüsereibe grob raspeln. Die Frühlingszwiebeln putzen, waschen und in feine Ringe schneiden.
3 Öl, Orangensaft, Essig und Honig zu einem Dressing verrühren. Das Dressing mit Salz, Pfeffer und Paprikapulver würzen.
4 Die Linsen in ein Sieb abgießen und abtropfen lassen. Dann mit Möhren, Frühlingszwiebeln und dem Dressing vermischen. Den Salat nochmals herzhaft mit Salz, Pfeffer und Paprikapulver abschmecken. Die Nüsse grob hacken und daraufstreuen. Nach Belieben einige Salatblätter waschen, trocken schütteln und auf einem Teller auslegen. 1 Portion Möhren-Linsen-Salat darauf anrichten und sofort genießen, die andere aufbewahren.

MIT ORANGENDRESSING UND PASTINAKE

V

100 g kleine Linsen (z. B. Belugalinsen), Salz
350 g Möhren, 120 g Pastinake
120 g Frühlingszwiebeln
1½ EL Walnussöl, 3 EL Orangensaft
3 EL Weißweinessig, 2 EL Honig, Pfeffer
Paprikapulver (nach Belieben geräuchert
oder edelsüß)
einige Salatblätter (nach Belieben;
z. B. Rucola oder junge Rote-Bete-Blätter)

53 % KH, 7 % BST, 25 % F, 15 % EW

Zubereitung wie beim Mischtyp, jedoch ohne Nüsse und mit Pastinake. Die Pastinake putzen, schälen und wie die Möhren in Würfel schneiden, grob raspeln und mit den anderen Salatzutaten mischen. 1 Portion sofort genießen, die andere aufbewahren.

MIT JOGHURTDRESSING UND SCHINKEN

S

100 g kleine Linsen (z. B. Belugalinsen), Salz
300 g Möhren, 120 g Frühlingszwiebeln
1 EL Walnussöl, 75 g Naturjoghurt (0,1 % Fett)
3 EL Weißweinessig, Pfeffer
Paprikapulver (nach Belieben geräuchert
oder edelsüß)
40 g magerer Schinken, 20 g gemischte Nusskerne
einige Salatblätter (nach Belieben;
z. B. Rucola oder junge Rote-Bete-Blätter)

35 % KH, 7 % BST, 35 % F, 23 % EW

Zubereitung wie beim Mischtyp, jedoch mit Schinkenwürfeln. Das Dressing mit Joghurt, aber ohne Orangensaft und Honig. Dafür Öl, Joghurt und Essig verrühren und mit Salz, Pfeffer und Paprikapulver würzen. Schinkenwürfel mit Linsen und Gemüse mischen. 1 Portion sofort genießen, die andere aufbewahren.

MAL SO, MAL SO:
ZUSÄTZLICHE KOHLEN-
HYDRATE AUS PASTINAKE
VERSORGEN DEN
VERBRENNERTYP,
EXTRAEIWEISS AUS
SCHINKEN DEN
SPEICHERTYP.

GEMÜSE-REIS-SALAT

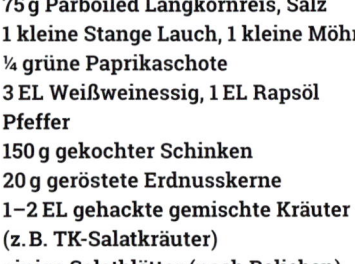
1x HEUTE, 1x MORGEN

 M

MIT SCHINKEN

125 g Parboiled Langkornreis
Salz
1 kleine Stange Lauch
1 kleine Möhre
3 EL Weißweinessig
1 EL Rapsöl
Pfeffer
100 g gekochter Schinken
20 g geröstete Erdnusskerne
1–2 EL gehackte gemischte
Kräuter (z.B. TK-Salatkräuter)
einige Salatblätter (nach
Belieben)

50 % KH, 2 % BST, 28 % F, 20 % EW

1 Den Reis in Salzwasser nach Packungsanweisung ca. 20 Min. bissfest garen.
2 Lauch putzen, waschen und in Ringe schneiden. Möhre putzen, schälen und schräg in dünne Scheiben schneiden. Möhre und Lauch 3–4 Min. vor Ende der Garzeit zum Reis geben und mitgaren. Anschließend alles in ein Sieb abgießen, dabei den Kochsud auffangen. Reis und Gemüse etwas abkühlen lassen.
3 Essig, Öl und ca. 3 EL aufgefangenen Reis-Kochsud zu einem Dressing verrühren. Das Dressing mit Salz und Pfeffer abschmecken. Den Schinken in schmale Streifen oder kleine Würfel schneiden. Die Erdnüsse nach Belieben etwas kleiner hacken.
4 Reis, Gemüse, Schinken und Dressing in einer Schüssel mischen und abschmecken. 1 Portion auf den Salatblättern anrichten und mit den restlichen Erdnüssen und Kräutern bestreut sofort genießen, die andere aufbewahren.

 V

MIT JOGHURTDRESSING

125 g Parboiled Langkornreis, Salz
1 kleine Stange Lauch, 1 kleine Möhre
3 EL Weißweinessig
1 EL Rapsöl
50 g Naturjoghurt (0,1 % Fett)
Pfeffer
30 g geröstete Erdnusskerne
1–2 EL gehackte gemischte Kräuter
(z.B. TK-Salatkräuter)
einige Salatblätter (nach Belieben)

57 % KH, 2 % BST, 30 % F, 11 % EW

Zubereitung wie beim Mischtyp, jedoch ohne Schinken und mit Joghurt. Den Joghurt unter das Dressing rühren. 1 Portion sofort genießen, die andere aufbewahren.

MIT SCHINKEN UND PAPRIKA

S

75 g Parboiled Langkornreis, Salz
1 kleine Stange Lauch, 1 kleine Möhre
¼ grüne Paprikaschote
3 EL Weißweinessig, 1 EL Rapsöl
Pfeffer
150 g gekochter Schinken
20 g geröstete Erdnusskerne
1–2 EL gehackte gemischte Kräuter
(z.B. TK-Salatkräuter)
einige Salatblätter (nach Belieben)

40 % KH, 2 % BST, 32 % F, 26 % EW

Zubereitung wie beim Mischtyp, jedoch mit Paprikaschote. Die Paprika entkernen, waschen und in schmale Streifen schneiden. Mit zum Reis geben. 1 Portion sofort genießen, die andere aufbewahren.

VERBRENNERTYPEN
VERZICHTEN
AUF DEN SCHINKEN
UND BEKOMMEN DAFÜR
EIN JOGHURTDRESSING,
SPEICHERTYPEN
PEPPEN IHREN SALAT
MIT PAPRIKA AUF.

GARNELENCOCKTAIL

MIT HONIGMELONE

300 g Honigmelonen-
fruchtfleisch
75 g Garnelen
(gegart und geschält)
3 zarte Frühlingszwiebeln
2 EL Zitronensaft
1 EL Walnussöl
1 EL Apfeldicksaft
Salz, Pfeffer
Cayennepfeffer

51 % KH, 2 % BST, 27 % F, 20 % EW

1 Von der Honigmelone 50 g beiseitelegen, das restliche Fruchtfleisch in Streifen oder Würfel schneiden.
2 Die Garnelen in einem Sieb kalt abbrausen und mit Küchenpapier trocken tupfen. Die Frühlingszwiebeln putzen, waschen
und schräg in feine Ringe schneiden.
3 Das beiseitegestellte Melonenfruchtfleisch mit Zitronensaft,
Walnussöl und Apfeldicksaft in einem hohen Becher mit dem
Stabmixer pürieren. Das Dressing mit Salz, Pfeffer und 1 Prise
Cayennepfeffer abschmecken.
4 Melonenstreifen oder -würfel, Garnelen und Frühlingszwiebeln
zusammen mit dem Dressing auf einem Teller oder in einem
Schälchen anrichten.

MIT HONIGMELONE UND GETREIDEFLOCKEN

300 g Honigmelonenfruchtfleisch
50 g Garnelen (gegart und geschält)
3 zarte Frühlingszwiebeln
2 EL Zitronensaft
1 EL Walnussöl
1 EL Apfeldicksaft
Salz, Pfeffer, Cayennepfeffer
10 g gemischte Getreideflocken

55 % KH, 2 % BST, 27 % F, 16 % EW

Zubereitung wie beim Mischtyp, jedoch mit Getreideflocken. Die Flocken in einer kleinen Pfanne
ohne Fett leicht anrösten, abkühlen lassen und als
Topping auf den Cocktail streuen.

MIT STECKRÜBE UND AVOCADO

350 g Steckrübe
Salz
½ kleine Avocado
3 EL Zitronensaft
100 g Garnelen (gegart und geschält)
3 zarte Frühlingszwiebeln
1 EL Apfeldicksaft
Pfeffer, Cayennepfeffer

37 % KH,5 % BST, 32 % F, 26 % EW

Steckrübe schälen, in 3 cm große Würfel schneiden und in wenig Salzwasser ca. 10 Min. bissfest
dünsten. Avocadofruchtfleisch mit einem Löffel
aus der Schale lösen, dann in kleine Stücke
schneiden und mit Zitronensaft beträufeln.
Garnelen kalt abbrausen und trocken tupfen.
Frühlingszwiebeln putzen, waschen und schräg
in feine Ringe schneiden. Steckrübe abgießen,
abtropfen lassen und mit Avocado, Garnelen und
Frühlingszwiebeln mischen. Mit Apfeldicksaft,
Salz, Pfeffer und 1 Prise Cayennepfeffer würzen.

ANDERER TYP – ANDERE ZUTATEN:
OHNE MELONE, ABER MIT STECK-
RÜBE UND AVOCADO FÜR DEN
SPEICHERTYP.

FEINES TATAR

MIT PETERSILIENCREME

M

1 große Zwiebel
1 Bund glatte Petersilie
1 TL Rapsöl
1 EL Doppelrahmfrischkäse
Salz, Pfeffer
100 g Gewürzgurken
50 g Radieschen
30 g getrocknete Soft-Aprikosen
50 g Tatar (feines Rinderhackfleisch; vom Metzger frisch
durchgedreht)
10 g Kapern
50 g Pumpernickeltaler

46 % KH, 7 % BST, 25 % F, 22 % EW

1 Die Zwiebel schälen und in kleine Würfel schneiden. Die Petersilie waschen, trocken schütteln und mit den Stielen grob hacken.
Das Öl in einem kleinen Topf erhitzen und die Zwiebel darin
glasig dünsten. Petersilie hinzufügen und kurz mit anschwitzen.
Mit 1–2 EL Wasser ablöschen und zugedeckt 5 Min. köcheln lassen, dann in einem hohen Becher mit dem Stabmixer pürieren.
Den Frischkäse unterrühren, mit Salz und Pfeffer abschmecken.
2 Die Gewürzgurken in kleine Stücke schneiden. Die Radieschen
putzen, waschen und ebenfalls klein schneiden. Die Aprikosen in
Streifen schneiden.
3 Die Petersiliencreme auf einen Teller geben, das Tatar daraufsetzen und mit den Kapern bestreuen. Gurken, Radieschen und
Aprikosen auf dem Teller anrichten oder separat in Schälchen
geben. Die Pumpernickeltaler auf den Tellerrand legen.

AUS ROTER BETE MIT PETERSILIENCREME

V

1 große Zwiebel
1 Bund glatte Petersilie
2 TL Rapsöl
1 EL Frischkäse mit Joghurt (ca. 14 % Fett)
Salz, Pfeffer
100 g Rote Bete (gegart und vakuumiert)
80 g Gewürzgurken
50 g Radieschen
40 g getrocknete Soft-Aprikosen
10 g Kapern
40 g Pumpernickeltaler

55 % KH, 8 % BST, 22 % F, 15 % EW

Zubereitung wie beim Mischtyp, jedoch mit Roter
Bete statt Tatar aus Fleisch. Die Rote Bete klein
würfeln und auf die Petersiliencreme geben.

MIT PETERSILIENCREME

S

1 große Zwiebel, 1 Bund glatte Petersilie
2 TL Rapsöl
1 EL Doppelrahmfrischkäse
Salz, Pfeffer
100 g Gewürzgurken
50 g Radieschen
15 g getrocknete Soft-Aprikosen
80 g Tatar (feines Rinderhackfleisch; vom Metzger
frisch durchgedreht)
10 g Kapern
40 g Pumpernickeltaler

36 % KH, 4 % BST, 33 % F, 27 % EW

Zubereitung wie beim Mischtyp.

GANZ OHNE FLEISCH:
FÜR VERBRENNER-
TYPEN GIBT ES EIN TATAR
AUS ROTER BETE.

LACHSSANDWICH

MIT MÖHRENCREME

 M

120 g Möhren
Salz
1 EL Speisequark (20 % Fett)
2 Tropfen Walnussöl
1–2 TL Zitronensaft
½–1 TL Meerrettich
(aus dem Glas)
2 Stiele Dill
Pfeffer
2 Scheiben Bauernbrot (à 50 g)
4 Salatblätter (z. B. Frisée)
1 Gewürzgurke
40 g Räucherlachs

48 % KH, 4 % BST, 26 % F, 22 % EW

1 Die Möhren putzen, schälen und in kleine Würfel schneiden. Die Möhrenwürfel zugedeckt in einem Topf in wenig Salzwasser oder über kochendem Wasser 10–15 Min. garen. In ein Sieb abgießen, abtropfen und etwas abkühlen lassen. Dann mit Quark, Öl, Zitronensaft und Meerrettich in einem hohen Becher mit dem Stabmixer pürieren.

2 Den Dill waschen und trocken schütteln. Die Spitzen abzupfen, einige für die Deko beiseitelegen, den Rest fein hacken und unter die Möhrencreme rühren. Die Creme mit Salz und Pfeffer abschmecken. Die Brotscheiben damit bestreichen.

3 Die Salatblätter waschen, trocken tupfen, evtl. etwas kleiner zupfen. Die Gewürzgurke in feine Streifen schneiden. 1 Brotscheibe mit Salat, Lachs und Gurke belegen und mit beiseitegelegten Dillspitzen garnieren. Die zweite Brotscheibe mit der Möhrencreme nach unten darauflegen und leicht andrücken. Nach Belieben halbieren.

MIT MÖHRENCREME UND APFEL

V

120 g Möhren
Salz
1 TL Walnussöl
1–2 TL Zitronensaft
½–1 TL Meerrettich (aus dem Glas)
2 Stiele Dill
Pfeffer
2 Scheiben Bauernbrot (à 50 g)
4 Salatblätter (z. B. Frisée)
1 Gewürzgurke
1 kleiner Apfel
20 g Räucherlachs

56 % KH, 4 % BST, 24 % F, 16 % EW

Zubereitung wie beim Mischtyp, jedoch ohne Quark in der Möhrencreme und mit Apfel. Den Apfel waschen, trocken reiben, vierteln und entkernen. Die Viertel in dünne Spalten schneiden und mit in das Sandwich legen.

MIT MÖHRENCREME

S

120 g Möhren
Salz
1 EL Speisequark (20 % Fett)
2 Tropfen Walnussöl
1–2 TL Zitronensaft
½–1 TL Meerrettich (aus dem Glas)
2 Stiele Dill
Pfeffer
2 kleine Scheiben Bauernbrot (à 35–40 g)
4 Salatblätter (z. B. Frisée)
1 Gewürzgurke
75 g Räucherlachs

38 % KH, 3 % BST, 32 % F, 27 % EW

Zubereitung wie beim Mischtyp.

IN SÜSSLICHER VERSION MIT APFEL FÜR DEN VER-BRENNERTYP. LACHS UND BROT SATT HEISST ES DAGEGEN FÜR DEN SPEICHERTYP.

KÄSE-KÖRNERBRÖTCHEN

MIT BIRNE

 M

1 kleines Nuss- oder Körnerbrötchen (ca. 60 g)
40 g Frischkäse mit Joghurt
(ca. 14 % Fett)
1 EL Schnittlauchröllchen
Salz, Pfeffer
2–3 Salatblätter (z. B. Romana-
oder Eichblattsalat)
30 g geräucherter Käse
(in Scheiben; 45 % Fett i. Tr.)
1 kleine Birne
2 EL Zitronensaft
Paprikapulver (edelsüß)

50 % KH, 5 % BST, 25 % F, 20 % EW

1 Das Brötchen waagerecht halbieren und die Schnittflächen mit
dem Frischkäse bestreichen. Die Schnittlauchröllchen daraufstreuen, mit Salz und Pfeffer würzen.
2 Die Salatblätter waschen, gut trocken schleudern und auf die
untere Brötchenhälfte legen. Den Käse darauflegen.
3 Die Birne waschen, trocken reiben und vierteln, das Kerngehäuse
entfernen. Die Birnenviertel in Spalten schneiden, diese mit
Zitronensaft beträufeln und mit Paprikapulver bestreuen. Auf den
Käse legen und alles mit der oberen Brötchenhälfte bedecken.

MIT BIRNE UND PAPRIKASCHOTE

 V

1 kleines Nuss- oder Körnerbrötchen (ca. 60 g)
30 g Doppelrahmfrischkäse
1 EL Schnittlauchröllchen
Salz, Pfeffer
2–3 Salatblätter (z. B. Romana- oder Eichblattsalat)
1 kleine Birne
2 EL Zitronensaft
Paprikapulver (edelsüß)
½ Paprikaschote (Farbe nach Belieben)

56 % KH, 6 % BST, 25 % F, 13 % EW

Zubereitung wie beim Mischtyp, jedoch mit fett-
reicherem Frischkäse und Paprikaschote. Die
Paprika entkernen, waschen, in Streifen schneiden und mit in das Sandwich geben.

MIT BIRNE UND PAPRIKASCHOTE

S

1 Scheibe Nuss- oder Körnerbrot (ca. 30 g)
40 g Frischkäse mit Joghurt (ca. 14 % Fett)
1 EL Schnittlauchröllchen, Salz, Pfeffer
Salatblätter (z. B. Romana- oder Eichblattsalat)
40 g geräucherter Käse (in Scheiben; 45 % Fett i. Tr.)
1 kleine Birne
2 EL Zitronensaft
Paprikapulver (edelsüß)
½ Paprikaschote (Farbe nach Belieben)

40 % KH, 5 % BST, 31 % F, 24 % EW

Zubereitung wie beim Mischtyp, jedoch mit Brot
statt Brötchen und mit Paprikaschote. Die Paprika
entkernen, waschen, trocken tupfen und flach
drücken. Dann wie die zweite Brötchenhälfte
beim Mischtyp zum Abdecken des Sandwiches
verwenden.

EINFACH CLEVER: DER SPEICHER-
TYP ERSETZT MIT EINER PAPRIKA-
SCHOTE DEN BRÖTCHENDECKEL
UND SPART SO KOHLENHYDRATE.

CHICORÉESCHIFFCHEN

MIT BIRNE, MANDELN UND BRÖTCHEN

 M

1 großer Chicorée (ca. 200 g)
10 g Mandelstifte
80 g Speisequark (20 % Fett i. Tr.)
2 EL Orangensaft
Salz, Pfeffer
1 kleine rotschalige Birne
Paprikapulver (edelsüß)
1 EL gehackte Petersilie
1 Vollkornbrötchen (ca. 60 g)

48 % KH, 6 % BST, 25 % F, 21 % EW

1 Den Chicorée putzen, waschen und längs halbieren. Aus den Hälften das Innere herauslösen und in feine Streifen schneiden, dabei den harten Mittelstrunk wegschneiden. Die Mandelstifte in einer kleinen Pfanne ohne Fett goldbraun anrösten und abkühlen lassen.

2 Den Quark mit dem Orangensaft verrühren, die Masse mit Salz und Pfeffer abschmecken. Die Chicoréestreifen unterrühren. Die Birne waschen, trocken reiben und vierteln, das Kerngehäuse entfernen. Die Birnenviertel in kleine Würfel schneiden und diese ebenfalls unter den Quark rühren.

3 Die Quarkmischung in die Chicoréehälften füllen. Mit Paprikapulver, Petersilie und Mandelstiften bestreuen. Das Vollkornbrötchen dazu essen.

MIT BIRNE, MANDELN UND BRÖTCHEN

 V

1 großer Chicorée (ca. 200 g)
15 g Mandelstifte
40 g Speisequark (20 % Fett i. Tr.)
2 EL Orangensaft, Salz, Pfeffer
1 rotschalige Birne
2 TL Birnendicksaft
Paprikapulver (edelsüß)
1 EL gehackte Petersilie
1 Vollkornbrötchen (ca. 60 g)

54 % KH, 6 % BST, 25 % F, 15 % EW

Zubereitung wie beim Mischtyp, jedoch mit Birnendicksaft. Den Dicksaft mit unter die Quarkmasse rühren.

MIT BIRNE, MANDELN UND TOAST

S

1 großer Chicorée (ca. 200 g)
10 g Mandelstifte
100 g Speisequark (20 % Fett)
2 EL Orangensaft
Salz, Pfeffer
1 kleine rotschalige Birne
Paprikapulver (edelsüß)
1 EL gehackte Petersilie
1 Scheibe Vollkorntoastbrot

39 % KH, 5 % BST, 31 % F, 25 % EW

Zubereitung wie beim Mischtyp, jedoch mit Toastbrot statt Vollkornbrötchen.

 Tipp Dunkelrot statt Hellgelb und einen Tick bitterer: Eine attraktive Farb- und Geschmacksvariation erhält man, wenn man den Chicorée durch Radicchio ersetzt.

DIE FÜLLUNG FÜR DEN VERBRENNER-
TYP ENTHÄLT WENIGER QUARK,
DAFÜR ZUSÄTZLICH BIRNENDICKSAFT.

ÜBERBACKENER BLUMENKOHL

MIT BRÖSELKRUSTE

 M

300 g Blumenkohlröschen
Salz
30 g Rosinen
15 g Walnusskerne
2 Scheiben Vollkorntoastbrot
2 EL gehackte Petersilie
Pfeffer
frisch geriebene Muskatnuss

48 % KH, 8 % BST, 27 % F, 17 % EW

1 Den Backofen auf 200°C vorheizen. Die Blumenkohlröschen waschen und zugedeckt in einem Topf in wenig kochendem Salzwasser ca. 5 Min. bissfest garen. In einem Sieb abtropfen lassen, dabei den Sud auffangen. Die Blumenkohlröschen in eine kleine Auflaufform geben und die Rosinen dazwischen verteilen. Etwa 100 ml vom Sud darübergießen.
2 Die Walnusskerne grob hacken, die Toastscheiben mit den Fingern zerbröseln. Beides in einer Schüssel mit der Petersilie mischen. Die Mischung mit Salz, Pfeffer und Muskatnuss würzen und auf dem Blumenkohl verteilen. Im Ofen (Mitte) ca. 15 Min. überbacken.

MIT BRÖSELKRUSTE

 V

300 g Blumenkohlröschen
Salz
50 g Rosinen
15 g Walnusskerne
1 Scheibe Vollkorntoastbrot
2 EL gehackte Petersilie
Pfeffer
frisch geriebene Muskatnuss

53 % KH, 7 % BST, 25 % F, 15 % EW

Zubereitung wie beim Mischtyp.

MIT KÄSE-BRÖSEL-KRUSTE

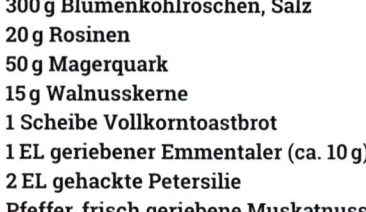 **S**

300 g Blumenkohlröschen, Salz
20 g Rosinen
50 g Magerquark
15 g Walnusskerne
1 Scheibe Vollkorntoastbrot
1 EL geriebener Emmentaler (ca. 10 g)
2 EL gehackte Petersilie
Pfeffer, frisch geriebene Muskatnuss

36 % KH, 6 % BST, 32 % F, 26 % EW

Zubereitung wie beim Mischtyp, jedoch mit Quark und Emmentaler in der Kruste. Den Sud zum Übergießen des Blumenkohls zuerst mit dem Quark verrühren, den Emmentaler unter die Nuss-Toastbrösel-Mischung mengen.

PERFEKTE KOMBI: KÄSE UND QUARK MACHEN DEN AUFLAUF FÜR DEN SPEICHERTYP EIWEISSREICHER.

COUNTRY-PUTENBURGER

MIT KÜRBISCREME

 M

120 g Hokkaidokürbis (entkernt)
1 große Zwiebel
Salz, Pfeffer
Chiliflocken
2 TL Ahornsirup
50 g Putenschnitzel
1 EL Rapsöl
2–3 Salatblätter
(z. B. Romanasalat)
1 feste Tomate
1 XXL-Vollkorn-Burgerbun
(ca. 75 g)

48 % KH, 5 % BST, 26 % F, 21 % EW

1 Kürbis waschen und in kleine Würfel schneiden. Zwiebel schälen, 2–3 dünne Scheiben abschneiden und beiseitelegen. Restliche Zwiebel in kleine Würfel schneiden, mit dem Kürbis in einem Topf mit Wasser bedeckt aufkochen und zugedeckt cà. 12 Min. garen. In ein Sieb abgießen und gut abtropfen lassen. In einer Schüssel mit einem Kartoffelstampfer zerdrücken und mit Salz, Pfeffer, Chiliflocken und dem Ahornsirup abschmecken.

2 Während der Kürbis gart, das Putenschnitzel waschen, trocken tupfen und flach klopfen. Das Öl in einer kleinen beschichteten Pfanne erhitzen und das Schnitzel darin bei mittlerer Hitze auf jeder Seite ca. 2–3 Min. braten, dann mit Salz und Pfeffer würzen.

3 Die Salatblätter waschen und trocken tupfen. Die Tomate waschen, vom Stielansatz befreien und in Scheiben schneiden. Die Zwiebelscheiben in einzelne Ringe teilen. Den Burgerbun waagerecht halbieren, die Hälften nach Belieben toasten.

4 Die Brötchenhälften auf den Schnittflächen mit der Kürbiscreme bestreichen. Die untere Hälfte mit Salat, Tomate, Fleisch und Zwiebelringen belegen. Die obere Hälfte mit der Kürbiscreme nach unten darauflegen und leicht andrücken.

MIT KÜRBISCREME UND BANANE

 V

10 g Hokkaidokürbis (entkernt), 1 große Zwiebel
Salz, Pfeffer, Chiliflocken
½ Banane, 1 EL Rapsöl
1 Vollkorn-Burgerbun (ca. 50 g)
2–3 Salatblätter (z. B. Romanasalat)
1 feste Tomate
30 g Putenbrustaufschnitt

54 % KH, 5 % BST, 25 % F, 16 % EW

Zubereitung wie beim Mischtyp, jedoch ohne Putenfleisch und mit Banane und Putenbrustaufschnitt. Banane schälen, in Scheiben schneiden und im Öl auf beiden Seiten kurz anbraten. Zusammen mit dem Putenaufschnitt und den übrigen Zutaten zwischen die Brötchenhälften legen.

MIT KÜRBISCREME UND MANDELN

S

2 Portobello-Champignons (ca. 200 g)
150 g Hokkaidokürbis, 1 große Zwiebel
Salz, Pfeffer, Chiliflocken
75 g Putenschnitzel, 2 TL Rapsöl
1 TL Mandelblättchen
2–3 Salatblätter
1 feste Tomate, 3 EL Ahornsirup

39 % KH, 5 % BST, 27 % F, 29 % EW

Pilze bei starker Hitze in einer beschichteten Pfanne 5–10 Min. beidseitig braten und statt des Burgerbuns verwenden. Mandeln beim Braten des Putenschnitzels gegen Ende dazugeben und kurz mitbraten, den Ahornsirup darüberträufeln.

FÜR DEN VERBRENNERTYP
WIRD'S MIT BANANE
EXOTISCH UND DAMIT
KOHLENHYDRATREICH. FÜR
DEN SPEICHERTYP GIBT ES
MANDELN ALS DREINGABE.

RADIESCHENSUPPE

MIT ROASTBEEF

100 g Radieschen (mit Grün)
125 g mehligkochende Kartoffeln
1 Zwiebel
¼ l Gemüsebrühe
30 g Roastbeef (in dünnen Scheiben)
15 g Schmand
Salz, Pfeffer
1½ Scheiben Vollkorntoastbrot (diagonal halbiert)

47 % KH, 3 % BST, 31 % F, 19 % EW

1 Die Radieschen putzen und waschen, dabei das Grün abschneiden und bis auf etwas für die Deko grob hacken. Die Radieschen beiseitelegen. Die Kartoffeln schälen, waschen und in kleine Würfel schneiden. Die Zwiebel schälen und ebenfalls in kleine Würfel schneiden.

2 Gehacktes Radieschengrün, Kartoffeln und Zwiebeln zusammen mit der Brühe in einem Topf zugedeckt zum Kochen bringen und bei mittlerer Hitze ca. 15 Min. köcheln lassen.

3 Inzwischen die Radieschen grob hacken. Die Brotscheiben toasten. Das Roastbeef in feine Streifen schneiden.

4 Den Schmand in den Topf zur Suppe geben und alles mit dem Stabmixer fein pürieren. Die Suppe mit Salz und Pfeffer abschmecken und in einen tiefen Teller geben. Radieschen, Roastbeef und etwas Radieschengrün als Deko daraufgeben. Die Toastecken dazu essen.

MIT GETREIDEFLOCKEN

100 g Radieschen (mit Grün)
150 g mehligkochende Kartoffeln
1 große Zwiebel
300 ml Gemüsebrühe
20 g Schmand
Salz, Pfeffer
2 Scheiben Vollkorntoastbrot (diagonal halbiert)
15 g kernige Getreideflocken

58 % KH, 5 % BST, 23 % F, 14 % EW

Zubereitung wie beim Mischtyp, jedoch ohne Roastbeef und mit Getreideflocken. Die Flocken in einer Pfanne ohne Fett leicht anrösten und statt Roastbeef auf die Suppe geben.

MIT ROASTBEEF UND STECKRÜBEN

100 g Radieschen (mit Grün)
150 g Steckrübe
1 Zwiebel
¼ l Gemüsebrühe
25 g saure Sahne (10 % Fett)
Salz, Pfeffer
1 Scheibe Vollkorntoastbrot (diagonal halbiert)
60 g Roastbeef (in dünnen Scheiben)

37 % KH, 3 % BST, 36 % F, 24 % EW

Zubereitung wie beim Mischtyp, jedoch mit Steckrüben statt Kartoffeln und saurer Sahne statt Schmand. Die Steckrüben putzen, schälen, klein würfeln und statt der Kartoffeln mitgaren. Die saure Sahne nicht mit der heißen Flüssigkeit pürieren, sondern erst zuletzt auf die Suppe geben (sie flockt sonst aus).

DER VERBRENNERTYP BEKOMMT GETREIDEFLOCKEN STATT ROASTBEEF, DER SPEICHERTYP KOHLEN-HYDRATE AUS STECKRÜBE STATT AUS KARTOFFELN.

BROKKOLICREMESUPPE

MIT CROÛTONS

60 g mehligkochende Kartoffel
1 kleine Zwiebel
200 g Brokkoli
2 TL gekörnte Gemüsebrühe
50 g Schmand
Salz, Pfeffer
frisch geriebene Muskatnuss
2 Scheiben Vollkorntoastbrot

46 % KH, 6 % BST, 28 % F, 20 % EW

1 Die Kartoffel schälen, waschen und in kleine Würfel schneiden. Die Zwiebel schälen und ebenfalls klein würfeln. Den Brokkoli putzen, waschen und in Röschen teilen, die Stiele schälen und klein schneiden. Alle vorbereiteten Zutaten mit 300 ml Wasser und der gekörnten Gemüsebrühe in einem Topf zum Kochen bringen und zugedeckt bei mittlerer Hitze ca. 15 Min. garen.

2 Das Gemüse in der Brühe mit dem Stabmixer fein pürieren und den Schmand untermixen. Suppe nochmals aufkochen und mit Salz, Pfeffer und Muskatnuss abschmecken. Nach Belieben für eine dünnflüssigere Konsistenz noch etwas Wasser unterrühren.

3 Das Toastbrot in kleine Würfel schneiden und in einer beschichteten Pfanne rundum goldbraun anrösten. Die Suppe in einen tiefen Teller oder in eine Suppentasse geben und mit den Croûtons bestreuen.

MIT CROÛTONS UND MAIS

1 große Zwiebel
250 g Brokkoli
1 TL Rapsöl
2 TL gekörnte Gemüsebrühe
1 TL Schmand
Salz, Pfeffer
frisch geriebene Muskatnuss
150 g Mais (aus der Dose; abgetropft)
2 Scheiben Vollkorntoastbrot

54 % KH, 6 % BST, 24 % F, 16 % EW

Zubereitung wie beim Mischtyp, jedoch ohne Kartoffel und mit Öl und Mais. Das Öl im Topf erhitzen und die Zwiebelwürfel darin andünsten. Dann Brokkoli, gekörnte Brühe und Wasser in den Topf geben und alles garen. Den Mais nach dem Pürieren der Suppe unterrühren und erhitzen.

MIT CROÛTONS UND THUNFISCH

1 Zwiebel
200 g Brokkoli
2 TL gekörnte Gemüsebrühe
30 g Schmand
15 g Instant-Haferflocken (Schmelzflocken)
Salz, Pfeffer
frisch geriebene Muskatnuss
1 Scheibe Vollkorntoastbrot
25 g Thunfisch (naturell; aus der Dose)

36 % KH, 6 % BST, 33 % F, 25 % EW

Zubereitung wie beim Mischtyp, jeodch ohne Kartoffel und mit Haferflocken sowie Thunfisch. Die Haferflocken zum Binden der Suppe zusammen mit dem Schmand unterrühren. Den Thunfisch etwas zerteilen und mit den Croûtons auf die Suppe geben.

DER SPEICHERTYP
BINDET DIE SUPPE
MIT HAFERFLOCKEN
UND BEKOMMT ETWAS
THUNFISCH DAZU.

GRÜNKERNSUPPE

MIT WEIZENKLEIE UND VOLLKORNCROÛTONS

1 kleine Zwiebel
3–4 Tropfen Rapsöl
30 g Grünkernschrot
¼ l Gemüsebrühe
50 g Möhren
100 g Naturjoghurt (1,5 % Fett)
10 g Weizenkleie
½ TL flüssiger Honig
Salz, Pfeffer
1 EL gehackte Petersilie
(frisch oder TK)
½ Scheibe Vollkorntoastbrot

50 % KH, 6 % BST, 28 % F, 16 % EW

1 Die Zwiebel schälen und in kleine Würfel schneiden. Das Öl in einem Topf leicht erhitzen und die Zwiebel darin andünsten. Den Grünkernschrot einrühren und kurz anrösten, dann die Brühe angießen. Alles aufkochen und zugedeckt bei mittlerer Hitze 5 Min. köcheln lassen.

2 Inzwischen die Möhren putzen, schälen und in dünne Scheiben schneiden oder auf der Gemüsereibe grob raspeln. Zur Suppe geben und alles noch ca. 10 Min. weiterköcheln lassen.

3 Den Joghurt mit der Weizenkleie und dem Honig verrühren. Die Joghurtmischung unter die Suppe rühren und alles nochmals erhitzen, aber nicht kochen lassen. Einen Großteil der Petersilie unterrühren und die Suppe mit Salz und Pfeffer abschmecken. Das Brot toasten und in kleine Würfel schneiden. Die Suppe in eine Suppentasse geben, mit den Croûtons und der übrigen Petersilie bestreuen.

MIT VOLLKORNCROÛTONS

1 kleine Zwiebel
3–4 Tropfen Rapsöl
35 g Grünkernschrot
¼ l Gemüsebrühe
50 g Möhren
100 g Naturjoghurt (1,5 % Fett)
1 TL flüssiger Honig
Salz, Pfeffer
1 EL gehackte Petersilie (frisch oder TK)
½ Scheibe Vollkorntoastbrot

55 % KH, 4 % BST, 27 % F, 14 % EW

Zubereitung wie beim Mischtyp, jedoch ohne Weizenkleie.

MIT CRÔUTONS UND SCHINKEN

1 kleine Zwiebel
20 g magerer roher Schinken (in kleinen Würfeln)
2 Tropfen Rapsöl
20 g Grünkernschrot
¼ l Gemüsebrühe
50 g Möhren
50 g Naturjoghurt (1,5 % Fett)
5 g Weizenkleie, Salz, Pfeffer
1 EL gehackte Petersilie (frisch oder TK)
½ Scheibe Scheibe Vollkorntoast, 50 g Magerquark

37 % KH, 4 % BST, 33 % F, 26 % EW

Zubereitung wie beim Mischtyp, jedoch mit Schinken und Quark. Den Schinken mit der Zwiebel andünsten. Den Quark mit Salz und Pfeffer würzen und löffelweise auf die Suppe geben.

HIER GIBT ES MEHR HONIG, ABER
KEINE WEIZENKLEIE FÜR DEN
VERBRENNERTYP, DER SPEICHER-
TYP BEKOMMT EXTRAEIWEISS AUS
SCHINKEN UND QUARK.

PETERSILIENSUPPE

MIT KARTOFFEL UND LACHS

 M

60 g mehligkochende Kartoffel
100 g Petersilienwurzeln
5 Stiele glatte Petersilie
25 g Schmand
1 TL Honig
Salz, Pfeffer
40 g Räucherlachs
1 Vollkornbrötchen (50 g) oder
1 Scheibe Vollkornbrot

47 % KH, 5 % BST, 28 % F, 20 % EW

1 Die Kartoffel schälen, waschen und in grobe Würfel schneiden. Die Petersilienwurzeln putzen, schälen und ebenfalls grob würfeln. Die Petersilie waschen und trocken schütteln. Die Blättchen abzupfen und beiseitelegen. Die Petersilienstängel mit Kartoffel, Petersilienwurzeln und ¼ l Wasser in einem Topf aufkochen und alles zugedeckt bei mittlerer Hitze ca. 15 Min. köcheln lassen.

2 Etwa zwei Drittel der Petersilienblätter zum Gemüse in den Topf geben und alles mit dem Stabmixer fein pürieren. Den Schmand und den Honig unterrühren. Die Suppe nochmals aufkochen und mit Salz und Pfeffer abschmecken.

3 Den Lachs in feine Streifen schneiden. Die Suppe in einen tiefen Teller geben und die Lachsstreifen sowie die übrige Petersilie daraufgeben. Das Vollkornbrot bzw. -brötchen dazu essen.

MIT KARTOFFEL UND LACHS

V

70 g mehligkochende Kartoffel
125 g Petersilienwurzeln
5 Stiele glatte Petersilie
25 g Schmand
1 EL Honig
Salz, Pfeffer
30 g Räucherlachs
1 Vollkornbrötchen (50 g) oder
1 Scheibe Vollkornbrot

53 % KH, 5 % BST, 24 % F, 18 % EW

Zubereitung wie beim Mischtyp, jedoch beim Kochen von Kartoffel und Petersilienwurzeln statt ¼ l Wasser insgesamt 300–350 ml Wasser angießen.

MIT LACHS UND HAFERFLOCKEN

S

125 g Petersilienwurzeln
6–8 Stiele glatte Petersilie
25 g Schmand
20 g Instant-Haferflocken (Schmelzflocken)
1 TL Honig
Salz, Pfeffer
50 g Räucherlachs
½ Vollkornbrötchen oder
½ Scheibe Vollkornbrot

39 % KH, 4 % BST, 33 % F, 23 % EW

Zubereitung wie beim Mischtyp, jedoch ohne Kartoffeln und mit Haferflocken. Die Haferflocken nach dem Pürieren zum Binden unter die Suppe rühren.

EIN PLUS AN KARTOFFELN UND
PETERSILIENWURZEL BESCHERT
DEM VERBRENNERTYP MEHR
KOHLENHYDRATE.

BUTTERMILCH-CREMESUPPE

MIT KARTOFFELN UND KRESSE

 M

200 g mehligkochende
Kartoffeln
Salz
1 rote Zwiebel
40 g Pumpernickel
1 EL Rapsöl
300 g Buttermilch
Pfeffer
frisch geriebene Muskatnuss
1–2 EL Gartenkresse oder
gehackte Petersilie

50 % KH, 3 % BST, 29 % F, 18 % EW

1 Die Kartoffeln schälen, waschen und in kleine Würfel schneiden. Die Kartoffelwürfel in einem Topf in wenig Salzwasser zugedeckt ca. 15 Min. weich garen.

2 Inzwischen die Zwiebel schälen und in dünne Scheiben schneiden, die Scheiben in Ringe teilen. Den Pumpernickel grob zerbröckeln. Das Öl in einer beschichteten Pfanne erhitzen und die Zwiebelringe darin anbraten, den Pumpernickel dazugeben und kurz mit anbraten. Aus der Pfanne nehmen und beiseitestellen.

3 Die Kartoffeln in ein Sieb abgießen und zurück in den Topf geben. Die Buttermilch angießen, alles langsam unter Rühren erhitzen und mit dem Stabmixer fein pürieren. Die Suppe mit Salz, Pfeffer und Muskat abschmecken und in einen tiefen Teller oder in eine Schale geben. Die Kresse waschen, trocken tupfen und mit der Zwiebel-Pumpernickel-Mischung auf die Suppe streuen.

MIT KARTOFFELN UND PETERSILIE

V

200 g mehligkochende Kartoffeln
Salz
1 rote Zwiebel
60 g Pumpernickel
2 TL Rapsöl
250 g Buttermilch
Pfeffer
frisch geriebene Muskatnuss
1–2 EL Gartenkresse oder gehackte Petersilie

55 % KH, 4 % BST, 24 % F, 17 % EW

Zubereitung wie beim Mischtyp, jedoch die Kartoffeln nach dem Garen zunächst abkühlen lassen. Erst dann wieder mit der Buttermilch langsam erhitzen und alles pürieren. Für eine dünnflüssigere Konsistenz eventuell noch etwas Wasser angießen.

MIT HOKKAIDO UND SOJAFLOCKEN

S

200 g Hokkaidokürbis (entkernt)
Salz
1 rote Zwiebel
40 g Pumpernickel
1 EL Rapsöl
300 g Buttermilch, 10 g Sojaflocken
Pfeffer
frisch geriebene Muskatnuss
1–2 EL Gartenkresse oder gehackte Petersilie

39 % KH, 4 % BST, 35 % F, 22 % EW

Zubereitung wie beim Mischtyp, jedoch mit Kürbis statt mit Kartoffeln und mit Sojaflocken. Den Kürbis waschen, in kleine Würfel schneiden und wie die Kartoffeln in Salzwasser garen. Die Sojaflocken mit der Buttermilch dazugeben.

DER VERBRENNERTYP
LÄSST DIE GEGARTEN
KARTOFFELN FÜR MEHR
RESISTENTE STÄRKE
ZUNÄCHST ABKÜHLEN,
DER SPEICHERTYP
NIMMT KÜRBIS STATT
KARTOFFELN.

KÜRBIS-PASTINAKEN-TOPF

MIT KARTOFFELN

 M

150 g festkochende Kartoffeln
60 g Pastinake
200 g Hokkaidokürbis (entkernt)
200 ml Gemüsebrühe
10 g glatte Petersilie
2 TL Kürbiskerne
Salz, Pfeffer
frisch geriebene Muskatnuss

51 % KH, 5 % BST, 29 % F, 15 % EW

1 Die Kartoffeln schälen und waschen. Die Pastinake putzen und schälen, den Kürbis waschen. Vorbereitetes Gemüse in mundgerechte Würfel schneiden.
2 Die Brühe in einem Topf zum Kochen bringen. Kartoffel- und Pastinakenwürfel dazugeben und zugedeckt 10 Min. köcheln lassen. Dann den Kürbis dazugeben und das Gemüse 10 Min. weitergaren.
3 Inzwischen die Petersilie waschen und trocken schütteln, die Blätter abzupfen und fein hacken. Die Kürbiskerne grob hacken. Den Eintopf mit Salz, Pfeffer und Muskat abschmecken. Zuletzt mit Petersilie und Kürbiskernen bestreuen.

MIT KARTOFFELN UND HAFERFLOCKEN

V

175 g festkochende Kartoffeln, 100 g Pastinake
200 g Hokkaidokürbis (entkernt), Salz
¼ l Gemüsebrühe
10 g glatte Petersilie, 2 TL Kürbiskerne
10 g Haferflocken (nach Belieben zart oder kernig)
Pfeffer, frisch geriebene Muskatnuss

55 % KH, 5 % BST, 25 % F, 15 % EW

Kartoffeln schälen, waschen und in mundgerechte Würfel schneiden. In Salzwasser weich garen, abgießen und abkühlen lassen. Inzwischen Pastinake putzen und schälen, Kürbis waschen. Beides mundgerecht würfeln. Brühe in einem Topf zum Kochen bringen. Pastinakenwürfel darin zugedeckt 10 Min. köcheln lassen, dann den Kürbis dazugeben und alles 10 Min. weitergaren. Kartoffeln dazugeben und wieder erhitzen. Petersilie waschen und trocken schütteln, Blätter abzupfen und fein hacken. Kürbiskerne grob hacken. Beides mit den Haferflocken mischen. Den Eintopf mit Salz, Pfeffer und Muskat abschmecken und mit der Petersilienmischung bestreuen

MIT SELLERIE UND FRISCHKÄSE

S

120 g Pastinake, 120 g Hokkaidokürbis (entkernt)
180 g Knollensellerie
200 ml Gemüsebrühe
10 g glatte Petersilie, 1 TL Kürbiskerne
Salz, Pfeffer, frisch geriebene Muskatnuss
100 g körniger Frischkäse

37 % KH, 7 % BST, 30 % F, 26 % EW

Zubereitung wie beim Mischtyp, jedoch mit Sellerie statt Kartoffeln und mit Frischkäse. Den Sellerie schälen, in mundgerechte Würfel schneiden und mit der Pastinake garen. Den Frischkäse auf den Eintopf geben, dann erst Petersilie und Kürbiskerne darüberstreuen.

ZWEIERLEI TOPPING:
FÜR DEN VERBRENNERTYP
IST DAS HAFERFLOCKEN-
TOPPING ERSTE WAHL,
DER SPEICHERTYP
BESTREUT DEN EINTOPF
MIT KÜRBISKERNEN.

MÖHREN-ZUCCHINI-SUPPE

MIT KÄSE-FLOCKEN-TOPPING

 M

180 g Möhren
180 g Zucchini
1 kleine Dose Maiskörner
(140 g Abtropfgewicht)
300 ml Gemüsebrühe
Salz, Pfeffer
1 EL Schnittlauchröllchen
15 g geriebener Emmentaler
1 EL kernige Haferflocken
(ca. 10 g)

47 % KH, 6 % BST, 28 % F, 19 % EW

1 Die Möhren putzen und waschen oder, nur falls nötig, schälen. Die Zucchini putzen und waschen. Beide Gemüse mit dem Gemüsehobel in dünne Scheiben schneiden. Den Mais in einem Sieb abtropfen lassen.
2 Das Gemüse mit der Brühe in einem Topf zum Kochen bringen und zugedeckt bei schwacher bis mittlerer Hitze ca. 10 Min. köcheln lassen. Mit Salz und Pfeffer abschmecken.
3 Schnittlauch, Emmentaler und Haferflocken mischen. Die Suppe in einen tiefen Teller oder in eine Suppentasse geben und zum Schluss mit der Käse-Flocken-Mischung bestreuen.

MIT FLOCKENTOPPING

 V

180 g Möhren
180 g Zucchini
1 kleine Dose Maiskörner (140 g Abtropfgewicht)
300 ml Gemüsebrühe
Salz, Pfeffer
1 EL Schnittlauchröllchen
2 EL kernige Haferflocken (ca. 20 g)

56 % KH, 6 % BST, 22 % F, 16 % EW

Zubereitung wie beim Mischtyp, jedoch ohne den Emmentaler im Topping.

MIT KÄSETOPPING

S

120 g Möhren
180 g Zucchini
1 kleine Dose Maiskörner (140 g Abtropfgewicht)
300 ml Gemüsebrühe
Salz, Pfeffer, 2 EL Schnittlauchröllchen
2 EL Naturjoghurt (0,1 % Fett)
30 g geriebener Emmentaler

37 % KH, 4 % BST, 34 % F, 25 % EW

Zubereitung wie beim Mischtyp, jedoch ohne die Haferflocken im Topping. Außerdem das Gemüse für einen optimalen glykämischen Index sehr bissfest garen. Joghurt und Emmentaler mischen und zum Schluss in die Suppe geben.

 Tipp Je nachdem, wie man das Gemüse schneidet, bekommt die Suppe immer wieder eine neue Optik. Beim nächsten Mal einfach alles in kleine Würfel schneiden oder auf der Rohkostreibe raspeln.

EINE FRAGE DES KÄSES:
DER VERBRENNERTYP
BEKOMMT KEINEN ON TOP,
DER SPEICHERTYP DAFÜR
UMSO MEHR.

WEISSE BOHNENSUPPE

MIT MAJORAN

1 Zwiebel
125 g Möhren
2–3 Zweige Majoran
1 EL Rapsöl
1 TL gekörnte Gemüsebrühe
200 g weiße Bohnen
(aus der Dose; abgetropft)
Salz, Pfeffer

46 % KH, 5 % BST, 28 % F, 21 % EW

1 Die Zwiebel schälen, die Möhren putzen und schälen. Beides in kleine Würfel schneiden. Den Majoran waschen und trocken schütteln, die Blättchen abzupfen und eventuell etwas kleiner schneiden.

2 Das Öl in einem Topf leicht erhitzen und die Zwiebel- mit den Möhrenwürfeln darin andünsten. Den Majoran dazugeben und alles mit 300 ml Wasser ablöschen.

3 Die Gemüsebrühe und die Bohnen hinzufügen und die Suppe zugedeckt ca. 10 Min. köcheln lassen. Dann mit Salz und Pfeffer abschmecken.

MIT MAJORAN UND ROSINEN

1 große Zwiebel
175 g Möhren
3–4 Zweige Majoran
2 TL Rapsöl
1 TL gekörnte Gemüsebrühe
150 g weiße Bohnen (aus der Dose; abgetropft)
20 g Rosinen
Salz, Pfeffer

55 % KH, 5 % BST, 23 % F, 17 % EW

Zubereitung wie beim Mischtyp, jedoch zusätzlich mit Rosinen. Diese mit den Bohnen in die Suppe geben.

MIT MAJORAN UND HASELNUSSTOPPING

1 Zwiebel
70 g Möhren
3–4 Zweige Majoran
2 TL Rapsöl
1 TL gekörnte Gemüsebrühe
200 g weiße Bohnen (aus der Dose; abgetropft)
Salz, Pfeffer, 40 g Magerquark
1 TL Haselnussblättchen

39 % KH, 4 % BST, 33 % F, 24 % EW

Zubereitung wie beim Mischtyp, jedoch mit Quark und Haselnussblättchen. Beides zuletzt auf die Suppe geben.

ROSINEN ZUM BESTREUEN SIND DIE
EXTRARATION KOHLENHYDRATE
FÜR DEN VERBRENNERTYP. DER
SPEICHERTYP TOPPT DIE SUPPE
MIT EIWEISSREICHEM QUARK
UND HASELNÜSSEN.

GEMÜSEGULASCH

1x HEUTE, 1x MORGEN

MIT HIRSE UND KÜRBISKERN-PARMESAN-TOPPING

1 rote Zwiebel
1 kleine Stange Lauch
100 g Kürbis (entkernt; Sorte nach Belieben)
1 EL Rapsöl
Salz, Pfeffer
Kümmel (ganz oder gemahlen)
2 EL Tomatenmark
100 g Hirse
20 g Kürbiskerne
1–2 EL gemischte gehackte Kräuter (frisch oder TK)
30 g geriebener Parmesan
20 g Weizenkeime

50 % KH, 4 % BST, 29 % F, 17 % EW

1 Die Zwiebel schälen, den Lauch putzen und waschen. Den Kürbis je nach Sorte waschen oder schälen. Das vorbereitete Gemüse in mundgerechte Würfel schneiden.
2 Das Öl in einem Topf erhitzen und das Gemüse darin anschwitzen. Mit Salz, Pfeffer, Kümmel und dem Tomatenmark würzen. 200 ml Wasser angießen und das Gemüse zugedeckt bei schwacher Hitze ca. 20 Min. garen.
3 Inzwischen die Hirse in einem kleinen Topf mit 300 ml leicht gesalzenem Wasser zum Kochen bringen und zugedeckt bei schwacher Hitze ca. 15 Min. gar köcheln. Kürbiskerne grob hacken und mit Kräutern, Parmesan und Weizenkeimen mischen.
4 Das Gemüsegulasch nochmals mit Salz, Pfeffer und Kümmel abschmecken. Die Hirse, falls nötig, abtropfen lassen. 1 Portion mit der Hälfte der Parmesanmischung sofort genießen, die andere aufbewahren.

MIT HIRSE UND PARMESANTOPPING

1 rote Zwiebel
1 kleine Stange Lauch
100 g Kürbis (entkernt; Sorte nach Belieben)
1½ EL Rapsöl
Salz, Pfeffer, Kümmel (ganz oder gemahlen)
2 EL Tomatenmark
125 g Hirse
1–2 EL gemischte gehackte Kräuter (frisch oder TK)
20 g geriebener Parmesan

53 % KH, 3 % BST, 30 % F, 14 % EW

Zubereitung wie beim Mischtyp, jedoch ohne Kürbiskerne und Weizenkeime. Außerdem zum Garen der Hirse ca. 375 ml Wasser verwenden. 1 Portion sofort genießen, die andere aufbewahren.

MIT HIRSE UND RÄUCHERFORELLE

1 rote Zwiebel
1 kleine Stange Lauch
100 g Kürbis (entkernt; Sorte nach Belieben)
2 EL Rapsöl
Salz, Pfeffer, Kümmel (ganz oder gemahlen)
2 EL Tomatenmark
80 g Hirse
1–2 EL gemischte gehackte Kräuter (frisch oder TK)
20 g Weizenkeime, 125 g Räucherforellenfilet

40 % KH, 4 % BST, 32 % F, 24 % EW

Zubereitung wie beim Mischtyp, jedoch ohne Kürbiskerne sowie Parmesan und mit Räucherforelle. Das Forellenfilet mundgerecht zerteilen und vorsichtig unter das Gemüsegulasch mischen. Außerdem zum Garen der Hirse ca. ¼ l Wasser verwenden. 1 Portion sofort genießen, die andere aufbewahren.

WENIGER HIRSE,
DAFÜR ORDENTLICH
RÄUCHERFISCH, DAS
IST DIE DEVISE FÜR
DEN SPEICHERTYP.

POMMERSCHE GRAUPENSUPPE

MIT KARTOFFEL UND SCHINKEN

½ kleines Bund Suppengemüse
75 g festkochende Kartoffel
¼ l Gemüsebrühe
30 g Perlgraupen
25 g magerer roher Schinken
(in kleinen Würfeln)
20 g getrocknete Pflaumen
(ohne Stein)
1 Prise Zimtpulver
etwas abgeriebene Bio-Zitronenschale
Salz, Pfeffer
1 EL Schnittlauchröllchen

51 % KH, 4 % BST, 28 % F, 17 % EW

1 Das Suppengemüse putzen, waschen bzw. schälen und in kleine Würfel schneiden. Die Kartoffel schälen, waschen und ebenfalls klein würfeln.
2 Die Gemüsebrühe in einem Topf zum Kochen bringen. Suppen-gemüse, Kartoffel, Graupen sowie Schinken hinzufügen und zugedeckt bei schwacher bis mittlerer Hitze 20 Min. köcheln lassen.
3 Die Pflaumen in Streifen schneiden und in die Suppe geben. Die Suppe mit Zimt und Zitronenschale würzen und mit Salz und Pfeffer abschmecken. Mit Schnittlauch bestreuen.

MIT KARTOFFEL UND SCHINKEN

½ kleines Bund Suppengemüse
75 g festkochende Kartoffel
¼ l Gemüsebrühe
40 g Perlgraupen
25 g magerer roher Schinken (in kleinen Würfeln)
25 g getrocknete Pflaumen (ohne Stein)
Salz, Pfeffer
1 Prise Zimtpulver
etwas abgeriebene Bio-Zitronenschale
1 EL Schnittlauchröllchen

55 % KH, 5 % BST, 25 % F, 15 % EW

Zubereitung wie beim Mischtyp.

MIT SCHINKEN UND QUARKTOPPING

1 kleines Bund Suppengemüse
¼ l Gemüsebrühe
30 g Perlgraupen
40 g magerer roher Schinken (in kleinen Würfeln)
15 g getrocknete Pflaumen (ohne Stein)
Salz, Pfeffer
1 Prise Zimtpulver
etwas abgeriebene Bio-Zitronenschale
1 EL Schnittlauchröllchen
40 g Magerquark

40 % KH, 4 % BST, 33 % F, 23 % EW

Zubereitung wie beim Mischtyp, jedoch ohne Kartoffel und mit Quark. Die Kochzeit dann auf ca. 15 Min. reduzieren und das Gemüse sehr bissfest garen. Anschließend erst den Quark und dann den Schnittlauch auf die Suppe geben.

SPEICHERTPYEN BEREITEN DIE SUPPE
OHNE KARTOFFEL ZU UND GÖNNEN
SICH DAFÜR EINEN KLECKS QUARK ALS
EIWEISSZUGABE.

REGISTER

Falls ein Stichwort nicht für alle drei Typen zutrifft, ist in Klammern jeweils mit M (Mischtyp), V (Verbrennertyp) und S (Speichertyp) der zutreffende Typ gekennzeichnet.
Für alle Gerichte mit Käse unter dem Stichwort „Vegetarisch" (s. Seite 247) gilt: Sie sind nur dann vegetarisch, wenn Sie Käse verwenden, der mit mikrobiellem oder pflanzlichem Lab hergestellt wurde.

HINWEIS

Die Ratschläge in diesem Buch wurden mit größter Sorgfalt von Autoren und Verlag erarbeitet und geprüft. Eine Garantie kann jedoch nicht übernommen werden. Ebenso ist eine Haftung der Autoren bzw. des Verlags und seiner Beauftragten für Personen-, Sach- und Vermögensschäden ausgeschlossen. Erkrankungen mit ernstem Hintergrund gehören in ärztliche Behandlung. Bei bereits bestehenden Beschwerden kann das Buch daher keinen fachärztlichen Rat ersetzen.

Dipl. oec. troph. ACHIM SAM

ist Bestsellerautor und Radio- & TV-Ernährungsexperte. Er war viele
Jahre Dozent an der Hochschule für Angewandte Wissenschaften in
Hamburg und begeisterte mit seinem Wissen und seiner humorvollen Art
in Vorträgen, Podiumsdiskussionen und in seinen Live-Shows bereits
Zehntausende von Zuschauern. Nun entwickelte er mit Deutschlank ein
revolutionäres individualisiertes Ernährungsprogramm.

Prof. Dr. troph. MICHAEL HAMM

zählt zu den renommiertesten Ernährungswissenschaftlern in Deutsch-
land. Er ist Autor zahlreicher Sport- und Diätratgeber – viele seiner Werke
erreichten Bestsellerstatus und wurden ausgezeichnet. Seine Arbeits-
gebiete sind Ernährungsphysiologie, Sportlerernährung und Diätetik.
Er ist Mitglied der Deutschen Akademie für Ernährungsmedizin und in
verschiedenen internationalen Arbeitskreisen zur Sportlerernährung.

Mitgewirkt hat Prof. Dr. CHRISTIAN SINA

Er gehört zum wissenschaftlichen Beirat der Perfood GmbH, die
Deutschlank wissenschaftlich begleitet. Er ist Direktor des Instituts
für Ernährungsmedizin an der Universität zu Lübeck mit Forschungs-
schwerpunkten auf Untersuchungen zu Wechselwirkungen von
Ernährung, Stoffwechsel und Immunsystem.

© 2018 ZS Verlag GmbH
Kaiserstraße 14 b
D-80801 München

ISBN 978-3-89883-791-0
1. Auflage 2018

Projektleitung: Kathrin Ullerich
Autoren: Dipl. oec. troph. Achim Sam, Prof. Dr. troph. Michael Hamm
Redaktion: Franziska Pfeiffer (Journalistenbüro Hamburg), Patrick Weese (7NXT Health GmbH)
Wissenschaftliche Untersuchungen: Perfood GmbH (Dominik Burziwoda, Dr. Torsten Schröder,
Prof. Dr. Christian Sina, Dr. Christoph Twesten, Dr. Axel Küstner); www.perfood.de
Rezepte: Angelika Ilies
Lektorat: Martina Solter, Karin Kerber
Grafisches Konzept: ZERO Werbeagentur, München
Grafische Umsetzung und Satz: Julia Arzberger, Catharina Burmester
Rezeptfotos: Eising Studio, Martina Görlach (Foodstyling: Gerlinde Hans)
Porträtfotos: Gulliver Theis
Coverfoto: Wolfgang Schardt
Herstellung: Frank Jansen
Producing: Jan Russok
Druck & Bindung: optimal media GmbH, Röbel

deutschlank ist eine Marke der 7NXT Health GmbH Berlin.
Weitere Informationen unter www.deutschlank.com

Die ZS Verlag GmbH ist ein Unternehmen der Edel AG, Hamburg.
www.zsverlag.de | www.facebook.com/zsverlag